진로를
정하지 못한 나,
비정상
인가요?

진로를 정하지 못한 나,
비정상인가요?

초판 1쇄 발행 2016년 12월 20일
초판 8쇄 발행 2021년 1월 12일

지은이 최현정
펴낸이 이지은
펴낸곳 팜파스
기획편집 김소현
디자인 박진희
마케팅 김민경, 김서희
인쇄 범선문화인쇄

출판등록 2002년 12월 30일 제10-2536호
주소 서울시 마포구 어울마당로5길 18 팜파스빌딩 2층
대표전화 02-335-3681   **팩스** 02-335-3743
홈페이지 www.pampasbook.com | blog.naver.com/pampasbook
페이스북 www.facebook.com/pampasbook2018
인스타그램 www.instagram.com/pampasbook
이메일 pampas@pampasbook.com

값 13,000원
ISBN 979-11-7026-137-7 (43370)

이 도서의 국립중앙도서관 출판예정도서목록(CIP)은 서지정보유통지원시스템 홈페이지
(http://seoji.nl.go.kr)와 국가자료공동목록시스템(http://www.nl.go.kr/kolisnet)에서
이용하실 수 있습니다.(CIP제어번호: CIP2016029097)

선생님, 부모님께도 묻기 어려웠던
'나, 진로, 미래'에 대한
85가지 질문

진로를 정하지 못한 나, 비정상 인가요?

최현정
지음

팜파스

세상 모든 모모를 위한
진로고민 상담소

~~~ ★ ~~~

이 책에서 진로를 고민하고 미래를 불안해하는
10대 청소년을 가리켜 '모모'라고 지칭합니다.
모모는 '아무아무'라 하여 사람들을 지정하지 않고 이르는
삼인칭 대명사로 다양한 잠재능력을 가지고
어떤 누구라도 될 수 있는 청소년들을 부르는 말입니다.
이 책 안에서 '모모'에 '나'를 대입하여 읽어주세요.
모모들의 고민을 들어주고 답하는
카운슬러는 희망샘입니다.

안녕? 만나서 반갑다!

모모는 진로에 대해 궁금해하고 고민을 하고 있겠지. 그저 하도 주변에서 진로가 중요하다고 하니까 괜히 한 번쯤은 관심을 가져봐야 할 것 같아서 이 책을 들었을 거라 생각해.

요즘 어떻게 지내니. 신경 쓸 게 한두 가지가 아니지? 주변 사람들이 학교 공부 열심히 하라고 하고, 열심히만 하면 안 되고 잘해야 한다고 하고, 미래를 위해 진로도 미리 결정하라고 하면서 뻔한 교육을 듣고 있는 것 같아서 혼란스러울 것 같아. 그 마음, 샘이 다 이해한다.

모모가 지금 하고 있는 고민은 혼자만 하는 것이 아니라 다른 친구들도 꼭 한 번씩 하는 고민들이니까 '왜 나만 아직 결정하지 못했을까', '왜 나만 불안할까'라고 생각하지 않았으면 좋겠다. 잘 결정하고 잘 살고 있는 것처럼 보이는 사람들도 내일이 불안하고 미래가 완벽할 수는 없단다. 그런 척하고 살아가는 것뿐이지. 그러니까 모모야. 지금은 흔들흔들 갈팡질팡하지만 그런 과정을 통해서 모모다움을 알아가도록 하자. 샘이 도와줄게. 모모의 마음이 어떤지, 모모가 스스로 잘 들여다봐야만 부연 안개 속을 헤치고 좀 더 자신 있게 진로를 열어갈 수 있을 거야. 그건 샘이 장담할 수 있어.

샘도 모모 나이에 고민이 많았단다. 나는 아직 결정하고 싶지 않고, 결정할 준비도 되어 있지 않은데 주변에서 재촉하는 것 같아서 말이야. 나에게는 아직 시간이 더 필요한 것 같은데 학교 공부도 잘하면서 여러 경험도 쌓아야 한다고 하니, 정작 나에게 온전히 집중해야 하는 시간적 여유가 별로 없다는 게 힘들었어. 하지만 고민만 하염없이 한다고 해서 해결되는 건 아니더라. 결정의 순간에는 어쨌든 결정해야만 했고, 이리저리 시도하고 실패를 경험할 수밖에 없었어. 실패를 하면 세상이 끝나는 줄 알았는데 또 그렇지도 않더라. 그런 모모와 같은 시절이 있었기 때문에 지금이 있다고 샘은 믿는다.

모모야, 네가 꿈꾸는 대로 원하는 대로 살고 싶니? 혹시 꿈꾸는 게 뭔지, 원하는 게 뭔지 찾을 수 없어서 답답한 거니? 그런 답답함을 누가 함께해주면 참 좋을 텐데…. 깜깜한 어둠 속을 불안에 떨며 걸어나가야 할 때, 누군가 손을 꽉 잡아주면서 '할 수 있어! 괜찮아! 한번 가보자!' 하면 모모의 마음은 어떨까? 조금은 안심이 되겠지? 모모가 그런 마음으로 이 책을 끝까지 읽어봐주기를 바라고, 또 진로와 관련하여 궁금한 물음표가 느낌표가 되기를 바란다.

"이제 출발할 거야. 운동화 끈은 꽉 묶었니? 진로의 문을 하나씩 열어보자."

차례

머리말. **모모에게** 005

PART 01

내 진로는 어떻게 알아가야 하나요?

★

"내가 정말 알고 싶은 진로 이야기"

PART 02

미래를 위해 무얼 준비해야 하나요?

★

"학교생활, 공부, 입시! 어렵기만 하다구!"

저는 정말 고민이 많아요

★

"성장하기 위해선, 나를 위한 다독임이 필요해!"

PART 01

내 진로는 어떻게 알아가야 하나요?

★

"내가 정말 알고 싶은
진로 이야기"

아직 키가 작은 우리 모모. 몸도 마음도 조금 더 자라야 하기 때문에 세상을 멀리 바라보기가 어려울지도 몰라. 빨리 키도 자라고 생각도 자라고 마음도 자라서 어른이 되고 좀더 자신 있고 당당하게 살고 싶을 모모에게 샘이 무슨 이야기부터 해주면 좋을까.

모모가 태어나기도 한참 전인 1988년에 빅(Big)이라는 영화가 있었어. 지금은 50대 아저씨가 되어버린 톰 행크스라는 배우가 주연한 영화야. 열세 살 조쉬가 '빨리 어른이 되고싶어요'라고 소원을 빌자 다음 날 서른 살의 어른으로 변하는 꿈같은 이야기가 펼쳐져. 갑자기 어른이 되어버린 조쉬에게 어른들의 세상은 마냥 신나고 뭐든 할 수 있을 것처럼 즐거웠지만, 이내 사랑하는 가족과 소중한 시절이 사라진 듯해 다시 아이로 돌아가는 내용으로 끝이 나.

그 나이, 딱 그만한 때에 누릴 수 있는 삶이 있거든. 모모에게 미래는 막연하거나 설레겠지. 그래, 딱 그 감정, 그 생각. 누구나 그래. 모모의 부모님도, 모모의 선생님도 그랬을 거야. 그러니까 '길 끝에 뭐가 있을까'라고 궁금해하면서 진로를 밟아가자. 모모의 키가 자라고 생각이 자라고 마음이 자라는 과정이니까. 샘은 모모가 지금도 썩 괜찮지만 더 괜찮은 사람으로 성장할 거라 믿어.

우리가 진정 원하는 것에 온전히 집중할 때,
우리는 비로소 성장할 수 있다.

_빌 버넷 (스탠포드 대학 교수이자 디자인 프로그램 책임자)

진로가 중요하다고 주변에서 이야기해서 알고 있어요.
하지만 중요하다고만 하지, 진로는 좀 막연하고 막막해요.
어떻게 알아가야 하나요?

    샘이 학교에 가서 "여러분 진로가 뭔지 알아요?" 물었더니 많은 모들이 대답하더라. "나아가는 길이요!"라고 말이야. 진로라는 말을 한자어로 풀면 進(나아갈 진), 路(길 로) 자를 써서 '나아가는 길' 혹은 '길을 나아가다'라는 뜻이야. 우리는 살면서 멍하니 가만히 있는 것이 아니라 계속 앞으로 나아가고 있단다. 적극적으로 아무것도 하고 싶지 않아도 시간이 흐르고 나이를 먹으니까 말이야. 중학생이 다시 초등학생이 될 이유가 없듯이, 초등학생이 되면 중학생이 되고 중학생이 되면 고등학생이 되고, 어린이가 청소년이 되고 청소년들이 자라서 어른이 되는 거지.

진로는 살아가는 과정과 닮아 있어. 모모가 '나는 누구지?' 하고 모모의 정체성을 찾아가면서 공부하고 경험하고 그 모든 과정들이 진로인거지. 진로는 굉장히 어렵거나 복잡한 말이 아니니까 단순하게 이해하도록 하자. 학교 다니면서 친구를 만나고 놀이를 하고 게임을 하고 새로운 것을 익히고 적응하는 과정에서 모모는 계속 나아가고 있으니까 말이야. 경험이 쌓이면 그 다음에 어떤 방향으로 나아갈 수 있을지 기회가 오게 마련이고, 그 기회를 잘 잡으면 원하는 방향으로 갈 수 있지. 그 모든 걸 '진로'라고 이름 붙이도록 하자.

모모는 자신이 삶의 온전한 주인공이라고 생각하니? 혹시 모모의 삶에 누가 많이 개입하고 있니? 엄마 아빠, 혹은 선생님, 중요한 어른들? 아니면 힘 센 친구? 모모가 진로를 제대로 찾아가려면 자기 인생의 주인공이 되어야만 더 만족스러울 거야. 누가 대신 살아주는 건 절대 아니라고. 진로의 방향을 잡고 기회가 왔을 때 택하거나 택하지 않거나 자기 뜻대로 할 수 있어야 하는 거지. 물론 모모 뜻대로 한다고 해서 모든 결정이 좋은 결과를 얻는 건 아니야. 그래서 어른들이 그렇게 말해. "네 생각이 다 옳은 건 아니야"라고. 왜일까? 내 인생 내가 뜻하는 대로 살겠다는데 왜 어른들은 막아설까? 어떤 결정을 하면 책임을 져야 하거든. 그래서 진로를 잡아가려면 '신중하게' 해야 하는 거야.

샘이 제일 먼저 부탁하고 싶은 게 있어. 모모가 진로를 이해할 때 그저 단편적으로 '좋은 대학을 가는 것', '대기업에 입사하는 것', '돈을 많이 버는 것'을 꿈으로 삼고 그것을 진로로 오해하지 않았으면 좋겠어.

어떻게 살아가야 할지를 생각해 봐. 지금 모모가 누구인지를 생각해보고. 엄마 아빠의 자녀만이 아니라 어디 학교의 학생만이 아니라, 그런 역할들에 더해서 모모 삶의 주인공으로 살려면 어떤 모습이어야 할지 마음껏 상상해 봐.

여행자의 마음으로 진로를 따라가라

지금부터 여행을 떠날 거야. 짐을 싸야 해. 어디로 가면 좋을까? 진로를 탐색하는 과정은 여행을 가는 것과 비슷하단다. 가방에 무엇을 담으면 좋을까? 어디로 가면 좋을까? 만약 모모가 직접 여행을 계획한다면 어떤 것부터 시작하면 좋을까? 잘 모르니까 여행가이드에서 안내해주는 대로 따라가면 좋을까? 조금은 색다르게 모모만의 여행을 꾸리고 싶다면 무엇부터 챙겨봐야 할까? 그런 선택을 위해서는 모모가 어떤 타입인지도 알아야 하고 모모가 도전을 하기 위해 필요한 요소들도 잘 생각해봐야 할 거야.

여행계획서	진로계획서
나는 어떤 타입인가? · 꼼꼼하게 계획하는 타입? · 발길 닿는 대로 돌아다니며 새로운 모험을 좋아하는 타입?	**나는 어떤 타입인가?** · 충분히 정보를 탐색하고 결정하는 타입? · 일단 경험해본 다음 결정하는 타입?
여행의 목적지는? · 가까운 곳부터 가는 게 좋을까? · 멀리 가는 게 좋을까?	**진로의 목적지는?** · 단기 목표부터 세울까? · 장기 목표를 먼저 세울까?
가방에는 무엇을 싸갈까? · 필요한 것을 꽉꽉 채워서 가야지. · 일단 떠나서 필요한 걸 사도록 하자.	**무얼 준비할까?** · 준비해야 할 게 굉장히 많을 것 같아. 경험도 필요하고 자격증도 취득해야 하고. · 우선 경험을 충분히 쌓다보면 자연스럽게 준비되겠지.
경비는 얼마나? · 럭셔리한 여행을 하고 싶어. · 아끼고 살뜰하게 떠나면 추억이 많을 거야.	**현실적인 조건과 제약이 따르나?** · 내가 그 일을 해내기에 신체적인 제약은 없나? · 경제적인 여건이 받쳐줄까?

모모가 어떤 타입이냐에 따라서 진로의 방향이 달라지고 진로의 과정이 달라질 거야. 진로에서 가장 중요한 것은 자기 자신에 대해서 잘 아는 것이니까, 한번 생각해보자.

헷갈려요,
꿈, 비전, 목표
이런 거요

꿈을 가져라, 비전을 그려라, 목표를 만들어라,
이런 말들 좀 귀찮아요.

우리가 잠을 잘 때 꿈을 꾸지? 근데 깨고 나면 그 꿈이 현실은 아
닌 거지. 자면서 꾸는 꿈은 낮 동안 이뤄보고 싶었던 소망이 자면서
이미지로 나타나는 거거든. 이처럼 우리가 흔히 '너는 꿈이 뭐니?'라
고 묻는 꿈은 '이뤄졌으면 하는 희망'을 담아서 이야기하게 돼. 다르
게 말하면 '너는 뭘 이루고 싶니? 어떤 소원이 있니?'라고 묻는 것과
비슷한 거야. 꼭 꿈이 어떤 직업을 명확하게 가리킬 필요는 없단다.
"저는 위기의 순간에 빠진 사람을 구하고 돕는 일을 하고 싶어요. 그
래서 소방관이 될 거예요"라고 말한다면 '사람을 구하고 도우면서 살

고 싶은 꿈이 있구나. 구조대원, 응급실 의사일 수도 있는데 특별히 소방관이라는 직업을 택했구나'라고 이해할 수 있는 거란다.

그러면 비전은 뭘까? 꿈이 막연하게 '이뤄졌으면 좋겠다'고 바라는 거라면 비전은 좀 더 눈에 보이는 것처럼 뚜렷해야 해. 모모가 '언젠가 이걸 해낼 수 있을 거야'라며 눈을 감아도 그 모습이 반짝이면서 떠올린다면 모모는 '비전이 있구나'라고 말할 수 있는 거야. 성공한 사람들은 미래를 생생하게 그리는 특화된 능력이 있다더라. 그렇다고 지금 모모에게 미래가 생생하게 그려지지 않아서 성공할 수 없다고 단언하지는 마. 무언가 그림을 그리려면 그림을 그리고 망치는 과정도 필요하니까. 처음부터 아름다운 명작을 그리려고 하는 것이 더 무모하지 않겠니.

한편, 목표는 '언제까지 무언가를 해내는 것'이라고 정의해볼 수 있어. 구체적인 행동과 언제까지 하겠다는 기한 제한을 두는 거야. 위기에 처한 사람을 구하는 의미 있는 삶을 살고자 할 때, 소방관이 되어서 위험한 순간에도 정의롭게 위기를 헤쳐 나가고 땀 흘리며 일하는 모습을 선명하게 그려보았다면 소방관이 되기 위해서 공부하고 시험에 합격하는 목표를 달성해야 하는 거지.

자, 그러면 우리 모모는 어떤 꿈을 꾸고 어떤 비전이 반짝거리고 어떤 목표를 가져보면 비전과 꿈을 이룰 수 있을지 한번 생각해보자.

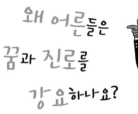 

왜 어른들은
꿈과 진로를
강요하나요?

아직은 잘 모르겠는데 꿈이 뭐냐고 물었을 때 바로 대답하지 않으면
왜 너는 꿈이 없냐고 한심하다는 듯이 바라봐요.
무슨 꿈을 꿔야할지도 모르겠고 꿈꿀 시간도 없는데
왜 자꾸 어른들은 그럴까요?

    어른들이 꿈에 대해 물었을 때 강요하는 것처럼 느껴졌구나? 어른들의 시각에서 별로 마음에 들지 않거나, 아직 없다고 말하는 모모의 말에 불안을 느껴서 오히려 빨리 정하라고 어른들이 재촉한 모양이야.

    샘은 자녀에게 좋은 어른의 모습을 보여주려고 애쓰는 부모님들을 상담하기도 해. 그런데 엄마 아빠들이 하나같이 그렇게 말하더

라. "모모가 나보다 더 나은 삶을 살았으면 좋겠어요. 그래서 잔소리도 하는거죠. 아무 생각 없이 공부도 안 하고 놀기만 좋아하는 걸 보면 한심해요"라고 말이야. 꿈도 없고 진로도 정하지 못한 모모를 보면서 부모님은 한심하거나 안타깝다고 생각하는 모양이야. 하지만 정작 모모는 부모님의 그런 생각이 굉장히 싫을 것 같아. 그럼 샘은 이렇게 부모님들에게 질문을 드리지. "모모 어머니도 어렸을 때 일찍부터 꿈도 있고 진로도 결정하고 꿈꾼 대로 사셨어요?"라고 말이지. 그러면 부끄러워진 엄마 아빠들은 그렇게 말해. "내가 그렇게 살지 못해서 모모가 안 그랬으면 좋겠다는 말이죠."

모모야, 어른들은 모모보다 더 앞선 세대를 살았단다. 살아보니까 그렇더래. 좀 더 일찍 삶의 방향을 결정하고 제대로 준비한다면 실패가 줄어서 상처를 덜 받고, 고민과 걱정을 덜 하게 되면 더 행복하게 살 수 있지 않았을까 생각하는 거야. 모모의 나이를 살았던 어른들이 똑같이 고민하고 걱정하고 방황했을 텐데 누가 앞서서 제대로 된 지침이나 조언을 해주었다면 달랐을 거라고 생각해서 그래.

강요하는 느낌이 드니까 그냥 내버려 두면 더 잘 살아갈 수 있는데 너무 참견한다 싶겠지만, 그런 어른들을 마음으로 밀어내다 보면 정말 모모가 필요할 때 모모가 기댈 수 있는 조언자가 없어질지도 몰라. 그러니까 귀찮고 짜증 나더라도 한 번쯤은 어른들 말씀에 귀 기울여 들어보렴.

"너는 뭐가 될 거니? 왜 꿈도 없어?"라고 하는 말이 '진로를 정하는 게 중요하다는 말이구나' 하고 마음에 새기는 자세면 충분해. 그럴 땐 "고민하고 있어요. 아직은 열심히 탐색해야 할 때라고 하니까 조언을 듣고 싶으면 제가 먼저 여쭤볼게요"라고 말하렴.

그러면 이제 진짜 깊은 고민을 해봐야겠지? 고민하고 있고 탐색한다고 말했으면 실천해야지 변명이 되지 않잖아. 강요당하는 느낌 때문에 그 상황을 피하고자 변명한다면 다음에 똑같은 질문을 받고 짜증만 날 거야. 짜증이 나는 이유는 변명을 하면서 모모 자신도 속였기 때문인 거야. 고민하고 찾아본다고 했지만 그렇게 실천하지 않았으니까.

떳떳하게 '나는 이렇게 살 거예요!'라고 말할 수 있는 모모이기를. '그렇게 사는 건 틀렸어! 아니야!'라고 누가 말한다면, '이런 모습이 나예요. 더 나은 삶을 얘기해보세요. 참고할게요'라고도 말할 수 있는 모모이기를.

진로교육, 많이 참여해봤지만 별로 도움이 되지 않아요

자유학기제가 실시되면서 진로교육과 상담이 많아졌어요. 의무적으로 해야 하는 과정은 괜히 하기 싫어요. 많은 애들이 참여하니까 저한테만 집중되는 것도 아니고요.

학교마다 진로교육에 관심을 갖고, 많이 진행하는 것으로 알고 있어. 왜 그렇게 진로교육을 많이 하게 되었을까? 샘이 학교 다닐 때는 진학을 위해서 담임선생님과 한두 번 대화를 나누는 진학상담이 있었지, 진로상담이나 교육이라고 할 건 없었어. 진로에 대한 정보는 얻기 어렵고 누구에게 물어야 할지 모르던 시절이었단다. 그때 참 방황을 많이 했던 것 같아. 그래서 지금 이렇게 그 경험에 빗대어서 진로고민을 덜어주고자 상담과 컨설팅을 하고 있지만….

늦지 않게 진로를 계획하고 준비하는 지침을 얻으면 시행착오를 줄이고 뚜렷한 진로를 찾아 나아갈 수 있으리라는 생각, 그런 요구에 발맞춰서 진로교육과 상담이 강조된 거라고 이해하렴.

공부도 남이 하라고 하면 하기 싫어지잖아? 괜히 억지로 교육에 참여하는 거면 별로 도움이 안 될 수도 있어. 샘도 그래. 누가 하라고 하면 그렇게 하기 싫더라고. 우리는 모두가 자발적인 선택을 했을 때 책임감을 가지고 열심히 해보고자 하는 마음의 움직임이 생겨. 그걸 자극하려면 모모가 스스로 마음먹고 열심히 참여해보면 좋겠어. 하기 싫은 공부도 하다 보면 어느 날, '어, 이거 재밌는데?' 하는 때가 있는 것처럼, 진로에 대해서도 '이거 해보자, 저거 해보자' 하는 과정에서 '내가 이걸 생각해봤구나. 이런 사람이구나' 하고 알게 되면 자기 자신을 발견하는 기쁨을 느끼고 도움을 받게 될 거야.

'그래도 마음에 안 들어요' 하면 말이지. 섬세하게 모모만의 이야기를 할 수 있는 상담을 받아보는 게 더 맞을 거야. 샘은 알아. 모모는 모모만의 이야기를 하고 싶다는 것을.

진로를 꼭 지금 정해야 해요?

저는 아직 노는 게 더 좋아요.
세상에 재밌는 게 얼마나 많은데 공부를 해야 하고,
진로를 결정해야 하나요?

진로를 지금 꼭 정해야 하냐고? 에이, 당연히 아니지. 하지만 모모가 해보고 싶은 것도 없고 막연하기만 한 상태라면 정작 진로를 결정해야 할 때, 예를 들어 진학을 한다든가 대학전공을 택해야 할 때, 결정에서 위험한 실수를 할지도 몰라. 신중한 것은 좋지만 고민을 미뤄뒀다가 아무거나 선택할 수는 없잖아. 진로와 관련한 선택은 '짜장면을 먹을까? 짬뽕을 먹을까?' 하는 선택의 고민과는 차원이 좀 다르단다.

만약 모모의 친구 중에 어떤 아이가 눈이 반짝반짝하면서 '나는 세계적인 아티스트가 될 거야!'라고 말했다고 가정해보자. 그 친구와 모모가 다른 점이 생겼네. 그저 한 마디를 했을 뿐인데, 그 친구는 '세계적인 아티스트'라는 꿈이 있어서 그 꿈을 이루기 위해 뭐라도 해야 할 거야. 예술적인 재능을 키우기 위해 노력해야 하는데 어떤 아티스트가 될 건지, 어떻게 노력할 건지에 대해 앞으로 경험을 통해서 그 꿈에 다가가려고 할 거야. 그 시기를 좀 더 앞당겨서 준비하면 노력하는 과정 중에 실패와 성공을 반복하며 '세계적인 아티스트'라고 하는 꿈에 조금 더 빨리 다가갈 수 있겠지. 하지만 만약 친구가 아무 노력도 하지 않는다면 당연히 그 친구의 꿈은 한낮에 자다 꾸는 꿈(백일몽)으로 끝나겠지.

모모는 어떤 사람이 되고 싶니? 어떻게 살고 싶니? 이 말이 조금은 막연하다는 이유로 생각을 미뤄두면 다른 사람이 살라는 대로, 남들이 살아가는 대로 살아가게 된단다. 그렇게 해도 만족스럽고 행복할 수 있다면 참 좋겠지만 가장 행복한 삶은 모모가 살고 싶은 대로 살아가는 걸 거야.

진로를 지금 결정해야 할 필요는 없지만 언젠가는 정해야 할 때가 오겠지? 그때에는 "난 이러이러하게 살고 싶어"라고 당당하게 이야기할 수 있었으면 좋겠어. 그러기 위해서 진로에 대한 고민을 지금부터 시작해야 하는 거야. 기왕 책을 읽는 김에 말이야.

★

진로는 언제부터 준비하면 되나요?

어떤 사람은 고등학교 때 대학이랑 전공을 잘 택하면 된다고 하고요, 어떤 사람은 중학교 때부터 어떤 고등학교를 갈지 빨리 결정해야 한대요.

진로에 대해 연구한 학자들이 그러더라. 초등학교 때부터 중학교 때까지는 진로를 탐색하는 시기라고 말이야. 내가 뭘 좋아하고 뭘 잘할 수 있는지를 여러 활동들을 통해서 기초를 닦는 시기인 거지. 만약 피아노학원을 다니거나 미술학원을 다닌다면 감성지능을 키우는 중이라고 볼 수 있겠지. 학원을 다니다가 미술을 전공해서 그림을 그리는 사람이 되어야겠다고 마음먹을 수도 있고, 피아노학원을 다니다가 예술 고등학교에 진학해야겠다고 마음먹거나 음악대학을 가야겠다고 생각할 수 있겠지.

진로를 언제부터 준비하는 것이라고 딱 정해놓고 지금부터 '준비~ 땅!' 하는 것이 아니라 지금 우리가 놀고, 배우면서 고민도 하는 모든 과정이 진로를 결정하기 위해 준비하는 과정이라고 보면 어떨까?

진로에 관해 중대한 결정을 해야 할 시점이 오면 그때서야 부랴부랴 '나 이제 뭐하지?'라고 고민을 시작하고 조급해하다가 아무거나 선택해서는 안 돼. '이제까지 내가 어떻게 살아왔지?'라고 생각해보면 그 모든 여정은 모모가 진로를 준비하는 과정이었다는 것을 알게 될 거야. 이 책을 잡고 고민을 풀어보려고 하는 지금, 바로 지금이 진로를 결정할 아주 좋은 시점은 아닐까?

진로를 정했다가 중간에 마음이 바뀌면 어떻게 해요?

STORY 07

저는 하고 싶은 게 굉장히 많아요.
그래서 어떤 한 분야를 택하는 게 어렵기도 해요.
만약에 어떤 걸 하겠다고 결정했는데 마음이 달라지면
시간 낭비라고 느껴질까 봐 결정이 어려워요.

진로를 결정하고도 나중에 바뀌어도 괜찮아. 아마 앞으로도 계속 바뀔 거야. 아직은 계속 찾아보고 들춰보고 생각해보고 마음을 잡았다가 뒤집어도 되는 시기이거든. 그런데 어느 시점에 가면 바꾸기에는 너무 늦었나 싶을 때가 있을지도 몰라. 그런 때라고 하더라도 진로 방향을 바꿔서 새로운 걸 다시 시작해야 한다면 무척 번거롭겠지만 내가 정말 이걸 하고 싶은가?라고 생각해보면 늦은 때란 없단다. 계속 미련이 남으면 '그때 바꿨어야만 했어'라고 후회할지도 몰라.

모모에게 메론맛 아이스크림과 초코맛 아이스크림 두 개가 있다고 가정해보자. 두 개 중 하나를 선택하는 것은 아주 어려운 선택은 아닐 거야. 모모가 정말 우유부단하지 않는 한. 하지만 100가지 아이스크림 중에서 하나를 선택하라고 하면 어떨까. 단, '아무거나 괜찮아'는 안 돼. '나는 원래 한 브랜드의 딸기맛 아이스크림만 먹어'라는 뚜렷한 선호가 없다면 100가지 중에서 하나를 고르는 게 너무 어려울 거야. 고민을 줄이려면 '가장 맛있는 아이스크림'을 고르기 위해서 이건 이래서 좋고 이건 저래서 싫고 분류하는 작업이 필요할 거야.

진로는 타협하는 과정이래. 100가지 아이스크림 중에 하나를 고르는 것처럼, '어떻게 살고 싶다'는 가정 아래 다양한 직업 중에서 희망직업의 수를 줄여나가는 과정 자체가 진로발달 과정인 거지. 자신에게 맞는 직업을 찾아나갈 때 직업대안을 줄여나가는 과정을 거쳐서, 그 중 뭔가를 하고 싶은데 현실적으로 그게 불가능하거나 어려울 것 같으면 좀 더 이루기 쉬운 쪽으로 마음을 다스려 하나를 택해야 하는 거야. 그저 쉽게 포기했다는 것과는 좀 다른 의미야.

샘도 사실은 어려서는 다른 일을 하고 싶었단다. 글을 써서 다른 사람들에게 감동을 주는 일을 하고 싶었어. 그런데 주변에서 '넌 재능이 없어, 안 될 거야'라는 말을 들었지. 너무 상처받았어. 상처받은 마음을 다독여서 어떻게든 계속해볼 수도 있었지만 자신감을 잃으니까 잘할 수 없을 것 같더라. 그대로 주저앉아서 속상해하면 안 되잖아. 정말 많이 고민했단다. 그런데 다른 사람들에게 감동을 주는 일은 다른 길도 있더라고. 샘은 상담을 통해서 다른 사람의 마음을 공감하고 위로하는 일을 찾았고, 그 일도 해보고 싶은 일이 되었어. 다시 시작하기에 조금 늦은 거 아닌가 싶었지만 지금 생각해보면 그때 타협한 것이 잘못된 선택은 아니었던 것 같아. 다른 길로 들어서서 빙 돌아왔지만 샘은 지금 이렇게 글을 쓰고 있어서 행복해.

살면서 하나만 생각하고 하나에만 집중하는 것도 좋아. 몰입하면 가능성을 넘어서서 어마어마한 성취를 하게 될 거야. 하지만 사람마다 다양한 경험을 통해서 느끼고 원하고 바라는 게 바뀔 수 있단다. 오늘은 이 게임이 재미있다가 얼마 있으면 시시해지고 다른 게임이 재미있어지는 것처럼 말이야. 오늘 이 게임이 재미있는 것도 의미 있는 거란다. '내가 지금 당장 무엇을 하고 싶을까?', '어떤 삶이 재미있을까?' 하고 생각하면서 진로를 먼저 정해보고 나중에 좀 더 나은 방향으로 바꾸어도 결국 그 꿈을 이루는 건 바로 모모 너란 사실을 잊지 말아.

100일의 기적

하고자 하는 일을 100일만 지속해보자. 100일을 지속하고 아니다 싶으면 미련 없이 그만두어도 괜찮아. 회사에 입사하면 수습기간(회사업무를 익히는 기간)을 대략 3개월로 두는 이유는 그 기간 동안이면 충분히 업무와 회사 분위기에 적응할 수 있을 거라고 가정해서야. 만약 그 기간을 채웠는데도 적응되지 않으면 자발적으로 그만두어도 좋다고 가정하는 거지. 물론 후회 없는 삶을 위해 신중해야겠지만, 만약 그 길이 아니라고 하면 100일 만에 방향을 다시 설정해 다른 길로 들어서도 괜찮아.

"해보니 내 이상과는 좀 달라서 그만뒀어요"라고 하면 '그만한 가치 있는 경험을 했구나' 싶을 거야. 그리고 그 길에 들어서지 않은 것을 아쉬워하지 않을 거야. 시간이 지나 시도조차 해보지 않았을 때, '그때 그랬다면 전혀 다른 삶을 살았을 텐데'라며 안타까워할 수 있어. 그리고 그때로 다시 돌아갈 수 없기 때문에 후회만 더 짙어질 거야.

100일의 기적 목표달성 : _____

1	2	3	4	5	6	7	8	9	10
11	12	13	14	15	16	17	18	19	20
21	22	23	24	25	26	27	28	29	30
31	32	33	34	35	36	37	38	39	40
41	42	43	44	45	46	47	48	49	50
51	52	53	54	55	56	57	58	59	60
61	62	63	64	65	66	67	68	69	70
71	72	73	74	75	76	77	78	79	80
81	82	83	84	85	86	87	88	89	90
91	92	93	94	95	96	97	98	99	100

100일 동안 실천하고 싶은 목표를 정하고 실천기록을 O, X로 표시해보자.

꿈이 생겼어요,
하지만 그 꿈을 이룰
자신이 없어요

STORY 08

정말 멋진 일을 발견했어요, 그런데 그 일을 하려면
엄청 많이 공부를 해야 한대요, 그런데 저는 공부를 못하거든요,
그러니 제가 꿈을 꾼다고 해서 이룰 수 있을 것 같지는 않아요,

모모야. 네 꿈은 무엇일지 궁금하다. 혹시 네가 멋지다고 생각한 그 일이 너무 크게 욕심내는 일처럼 느껴지는 거니? 이룰 수 없을까 봐 미리 걱정하는 것을 보면 왠지 그런 것 같아.

샘이 만나봤던 모모 중에 굉장히 밝고 명랑한 아이가 있었어. 그 날도 진로교육을 하는 날이었단다. 교육에 열심히 참여하고 자신이 어떤 것을 하고 싶은지 진지하게 고민하던 친구였어. 그런데 고등학교 진학을 하려고 보니 그동안 공부를 너무 안 해서 성적이 낮아서 자신이 진학하고 싶은 학교에 지원할 기회를 얻지 못할까 봐 걱정하더구나. 갑자기 밝았던 모모의 얼굴이 어두워지는 걸 보면서 무척이나 속상했던 기억이 나.

하고 싶은 분야의 일이 생겼다면 더없이 기쁘고 축하할 일인데 현실적으로 생각해보니 자신이 없어서 시도조차 하지 않는다면 나중에 후회하지 않을까. 만약 하고 싶은 일인데 그래도 해보겠다는 마음을 먹고 해내면 정말 뿌듯하고 보람되지 않을까? 물론 주변에서 응원도 해주고 조건도 잘 맞아야 하겠지만, 가장 중요한 건 모모의 마음가짐인 것 같아. '남들이 뭐라 하든, 나는 해내고야 말 거야'라고 믿어보면 어때. 어려울까? 어려울지도 몰라. 그만 포기하라는 악마의 속삭임이 얼마나 많겠어.

공부를 많이 해야 한다면 공부에 매달려보는 것도 좋을 거야. 꼴찌가 서울대 입학하는 이변을 왜 모모가 만들어볼 수는 없을까. 모모야. 꿈을 이룬다는 건 정말 커다란 축복이다. 맛있게 차려진 밥상 앞에 앉아 맛있게 먹기만 하는 것은 꿈을 이룬 것이라 말하기 어려운 거야. 맛있는 밥상을 차리기까지, 맛있게 먹고 정말 잘 먹었다고 보람을 느끼기까지 그 과정도 중요한 거란다.

네가 꾸는 꿈이 허무맹랑하고 이루기 어려운 일이라 하더라도 세상이 변하고 사회가 발전해온 건 모두가 '안 될 거야, 못할 거야, 포기해'라는 손가락질을 이겨내고 누군가는 꿈을 위해 노력했기 때문이라는 것을 기억하렴. 샘은 모모가 그런 사람이기를 바라.

꿈쟁이, 김수영

여행가, 작가, 강연가, 콘텐츠 제작자, 다큐멘터리 감독, 블로거, 번역가로 살아가는 꿈쟁이 김수영은 자신의 도전이 누군가에게 또 다른 꿈이 되기를 바라며 지금도 도전하고 있어.

중학교를 중퇴한 문제아가 검정고시로 특성화고에 입학하여 특성화고 최초로 <도전! 골든벨>에서 골든벨을 울렸어. 연세대학교에서 영문학과 경영학을 전공하고 졸업하며 골드만삭스에 입사하였으나, 암에 걸렸음을 알고 수술을 받았대. 그리고 죽기 전에 해보고 싶은 버킷리스트를 작성해서 73가지 꿈을 담은 목록을 이루고자 세계를 누볐어. 원하는 일, 하고 싶은 일을 하나씩 이루어가는 삶, 모모도 해보고 싶지 않니?

모모의 꿈 목록

사소한 것도 괜찮아. 꿈 목록만 썼는데도 다 이룬 것 같은 느낌이 들게 될 거야!

축구선수가 되고 싶어요

어려서부터 꿈이 축구선수였는데 못 하게 됐어요.

샘이 상담했던 모모의 이야기야. 어려서 활발하고 에너지가 넘쳤던 모모는 초등학교 시절부터 유소년 축구부 활동을 했대. 같은 팀 친구들과 어울려서 경기장을 뛰면서 땀을 흘리고, 여럿이 함께 협동하면서 굉장히 즐거운 생활을 했다는 거야. 그래서 장래희망란에 항상 '프로 축구선수'라고 썼대. 그런데 모모의 엄마는 적당한 운동은 좋지만 프로 축구선수가 되기를 바라지는 않았대. 프로선수가 되기까지 막대한 지원을 해줘야 하는데다가 크게 다칠 수도 있고 평생직업을 하기는 어려울 같은데, 아들이 고집을 부린다는 거야. 그러다 집안 형편이 안 좋아져서 축구부 활동을 더 이상 못하게 되었고, 모모는 실망해서 중학교에 올라와서는 공부를 하지 않고 친구들과 노는 데에만 집중해서 부모님과 갈등을 겪기 시작했대. 자기가 꿈꿨던 삶을 부모님이 지원해주지 않아서 열심히 살 의미를 못 찾겠다고, 무얼 위해서 공부를 해야 하는지 모르겠다고 하더라.

모모의 이야기를 쭉 들어보니까 모모가 상심한 마음이 이해되면서도 한편 의아한 게 있었어. 모모는 왜 축구를 좋아하고 프로 축구선수가 되고 싶었을까? 모모는 운동이라는 단체 활동 속에서 리더십을 발휘하는 것이 좋았던 거야. 축구는 특히 혼자만 잘해서 승리하는 것이 아니기 때문에 함께 어울리고 땀 흘리는 과정도 좋았대. 그러다 보니 축구가 모모에게 가장 희망적인 분야가 되었던 거야.

모모에게 다시 물었단다. 축구만 생각하면 가슴이 뛰고 공에서 발을 떼지 않을 정도로 피나는 연습을 했었냐고, 기초체력을 키우기 위한 훈련에는 열심히 참여했느냐고. 그랬더니 모모가 말하기를, 축구 경기는 좋았지만 훈련은 즐겁지 않았고 피나는 연습을 한 적은 없다는 거야. 한편으로 박지성처럼 세계무대에서 뛰고 싶은 마음은 크지만, 승부욕이 강해서 경기에서 졌을 때는 너무 실망하다 못해 화가 나서 짜증을 많이 부렸대. 모모의 꿈은 박지성처럼 훌륭한 축구선수가 되고 싶었다고 말하지만, 그건 피나는 노력과 축구를 즐기는 마음이 빠진 가짜 꿈이었을지도 몰라. 그러면서 꿈이 사라졌다고, 방향을 잃었다고 부모님을 원망해온 거지.

모모의 꿈이 가짜 꿈은 아니었을까. 노력하지 않고 이루고 싶어 하는 뜬구름 같은 것. 꿈을 이루기 위해서 부단히 노력해야 하는 것은 물론이고 불쑥불쑥 튀어나오는 장애물을 극복해내느라 눈물콧물 찍어내야 할 것도 예상하고 감수해야 한다는 걸 무시한 꿈 말이야.

현실과 다른 높은 이상만 좇아서 도무지 이룰 수 없다는 것을 모모는 이미 알고 있었을지도 몰라. 그 꿈을 부모님이 앗아갔다고 탓만 해서는 안 돼. 모모가 가짜 꿈이 아니라 진짜 꿈이라고 우기고 싶어도 이미 그 색깔이 희미해져버렸는걸.

만약 가짜 꿈이라면 모모의 또 다른 꿈을 키우기 위해 무엇을 해야 할지 고민해봐야 해. 진로는 항상 열려 있으니 여러 갈래의 길 중에 하나를 택하는 과정을 기꺼이 다시 시작하면 돼. 늦지 않았어.

진짜 꿈과 가짜 꿈 구별법

꿈은 가슴 뛰어야 해.

막연히 바라거나 '어떻게 되겠지' 하는 마음이 든다면 그건 진짜 꿈이 아닌 거야.

꿈꿀 시간이 부족하거나 어렵다고 포기해선 안 돼.

어려움이 생겼을 때 너무 쉽게 포기하면 진짜 꿈이 아닌 거야.

꿈은 말보다 실행하는 움직임이 더 많아야 해.

'내 꿈은 이거야!' 말만 하고 다니면서 행동할 줄 모르면 진짜 꿈이 아닌 거야.

꿈꾸는 사람은 마음이 단단해서 스스로 움직여.

다른 사람한테 인정받거나 보상을 얻어야만 움직인다면 진짜 꿈이 아닌 거야.

진짜 꿈은 실패하더라도 한 걸음이라도 나아가.

실패할 때 자기변명하면서 핑계가 많아지면 진짜 꿈이 아닌 거야.

진짜 꿈을 꾸는 사람,

가짜 꿈만 품고 사는 사람,

분명 다를 거야.

연예인이 꿈이에요. 주목받고 사랑받으며 살면
돈도 많이 벌고 하고 싶은 걸 다할 수 있겠죠?

언제부턴가 예능 프로그램 중에 오디션 프로그램이 유행하기 시
작해서 지금껏 계속되고 있는 걸 보면서 항상 드는 생각이 있어. '우
리나라에는 정말 끼가 많은 사람들이 많구나' 하는 생각. 노래를 잘
해서 가수 오디션 프로그램에 한 해에 수만 명씩 지원하는데도, 매년
그런 프로그램이 시리즈로 나오는데도, 여전히 노래 잘하는 사람은
또 나오고 있거든.

아이돌 가수가 되면 많은 사람들에게 주목받고 또래들 사이에서
우상이 되고 팬덤이 이루어지고 한류를 타고 전 세계 무대를 누빌 수

있을 거라 기대하기 때문에 그만큼 모모들이 '스타'를 꿈꾸는 것 같아. 그래, 반짝반짝 빛나는 별이 되는 거야. 멋진 꿈이다.

하지만 오래 연습생으로 살면서 준비가 되었다고 판단이 되기까지 얼마나 많은 시간을 무명의 설움으로 속상해해야 할까. 만들어진 이미지는 허상이나 다름없는데도 그 이미지를 벗지 않기 위해 '가짜의 삶'을 마치 진짜인 것처럼 살아야 한다면 그 또한 너무 힘에 부칠 것 같아. 기획사에 속해서 연습생이 되어 '언젠가 스타'가 되리라는 꿈을 꾸는 것은 우선 꿈꾸는 자체만으로 아름답다 할 수 있어.

스타들의 겉으로 드러난 삶은 화려한 조명과 값비싼 치장 아래 있어. 어쩌면 진짜인 게 없는 거야. 다 빌린 거. 내 거 하나 없는 거. 치솟은 인기도 물거품 같은 거. 그래서 그들이 일반인보다 더 많이 우울하다고 호소하는지도 모르겠어. 성공한 이들의 화려한 영광에만 주목하지 말자. 그들이 성공하기까지 길고 고된 노력을 했기 때문에 그 자리에 있을 수 있는 것이고, 살아남기 위해 발버둥 쳤기 때문에 스타로 주목받고 사랑받는 거겠지.

별 노력도 하지 않았는데 성공했다고 말한다면 그건 성공이 아니라 사기인 거지. 모모가 반짝이는 스타가 되고 싶다면 어떤 끼와 재능을 발휘할 수 있을지 지금부터 열심히 갈고 닦아보도록 하자. 모모가 가진 무한한 가능성에 주목하여 무모한 도전이라고 손가락질 당하더라도 견딜만한 끈끈한 열정이 불타오를지도 가늠해보고 말이야. 그렇다면 샘이 응원할게.

꿈이없는 사람이
꿈을 찾을 수 있는
방법을 알려주세요

꿈이 없어서 의욕이 없나 봐요,
왜 사는지 모르겠어요,

　　샘이 모 대학에서 강의할 때 한 경영학과 학생은 꿈이 없어서 삶
이 재미없대. 꿈이 없는 모든 사람들은 다들 그런 마음으로 살아갈까
싶더라고.

　　우리의 미래는 항상 불안정해. 미래가 뚜렷하게 결정되어 그대로
만 걸어갈 수 있다면 좋을 것 같잖아. 하지만 그것은 개인의 의지에
의해서 '나는 이렇게 살 거야'라는 각오를 통해 불안과 걱정을 잠재
우는 것일 뿐이야. 흔히들 진로고민을 할 때 뭔가 해야 한다는 것은
알겠는데 뭘 해야 할지 결정하지 못해 막막하다고 하잖아. 한편으론

무언가를 선택하면 그대로 밀고나가야 하니 준비하고 노력하는 과정이 부담스럽게 느껴지기도 해. 차라리 선택이나 결정 자체를 하지 말고, 진로 탐색도 하지 말자는 마음을 갖는 경우도 많이 있어.

가야 할 길을 선택하지 않으면 안개 속에서 눈감고 두 팔을 벌린 채 여기저기를 헤매고 다니겠지. 장애물이라도 있으면 부딪치고 넘어져서 피도 철철 흘릴 텐데, 그조차도 없이 하염없이 헤매고만 다니게 되겠지. 혹은 움직이지도 않은 채 목석처럼 서서 시간을 죽이려 할 거야. 사실은 꿈이 없는 것이 아니라, 꿈을 탐색하고 있지 않은 건 아닐까? '그래도 내가 이 땅에 태어나 뭐라도 하라고 신께서 나를 인간으로 만들어주셨겠지'라고 생각해보면 어때? 그리고 그걸 쫓아가는 것을 '사명'이라고 불러.

살면서 제대로 성취한 것도 없고 왜 사나 싶은 마음이 들어도, 그래도 내가 살아 있는 이유는 있을 거야. 살아야만 하는 이유도. 내가 살아 있다는데 의미를 담으려면 그래도 뭔가 해봐야지. 그러니 뭐라도 해보자. 샘은 경영학과 학생에게 그냥 '삽질 좀 해보라'고 했어. 인생은 삽질의 연속이잖아. 막 여기저기 땅 파다보면 뭐라도 나올 것 같잖아. 딱히 금이거나, 석유거나, 물이 아니더라도 돌이라도 나오겠지. 그것에 의미를 담을 수도 있잖아. 돌이 나왔는데 참 모양이 특이한 돌을 캘 수도 있고 말이야. 어쨌든 땅을 파니까 뭐라도 나오는 거잖아.

꿈을 엄한 곳에서 찾으면서 대단한 것을 이뤄야만 한다고 여기고 겁을 먹고 있는 것은 아닌지 잘 생각해봐야 해. 꿈이 어마어마하게 거창해야 한다고 생각해 작고 아담한 꿈은 초라하다고 여기는 것 또한 주의해야 해. 작은 꿈이 쌓여서 큰 꿈이 되기도 하고, 큰 꿈을 이루기 위해 차곡차곡 쌓아가는 실력이 모모를 꿈에 닿게 해줄 거야. 그러니 어차피 안 될까 봐 포기하거나 너무 초라해서 부끄럽거나 생각하지 말 것! 삽질 좀 하면서 걸러져 나온 것들을 모모의 것으로 만들 것! 그러면 꿈 찾기는 가능해져.

그들의 사명

사명이란 자신이 하고 있는 일 자체를 삶의 목적으로 믿고 내적인 만족감을 추구하며 최고의 성과를 이루기 위해 혼신을 다하고 의미와 보람을 느끼는 것이다. 한 분야에서 두각을 드러낸다면 사명을 다하고 있다고 할 수 있다. 만약 자신의 사명을 발견하고 싶다면, 마음 속 울림을 들어야 한다. 또한 자신에게 주어진 작은 일에 충실해야 한다.

- 월트 디즈니의 사명은 사람들을 즐겁고 행복하게 해주는 것

- 구글의 CEO 에릭 슈미트는 전 세계 모든 정보를 모아서 모든 사람들이 이용할 수 있도록 만드는 것

- 소프트뱅크의 손정의 사장의 사명은 혁명으로 모든 사람을 행복하게 만드는 것

- 페이스북 창립자 마크 주커버그의 사명은 페이스북 서비스를 통해 사람들이 더욱 편리한 생활을 영위할 수 있는 시대를 만드는 것

- 나이키 창립자인 필 나이트는 전 세계 모든 운동선수에게 자극과 혁신을 안겨주는 것

- 오프라 윈프리의 사명은 자신의 위치와 힘, 그리고 돈으로 다른 사람들을 위한 기회를 만들어내는 데 사용하는 것

- 넬슨 만델라의 사명은 인종차별을 종식시키는 것

- 모모의 사명은?

나에게 딱 맞는 분야가 있을지 궁금해요,
나에게도 타고난 적성이 있을까요?

　사람에게는 여러 개의 달란트가 있대. 달란트는 무게의 단위이자
화폐단위로 사용되던 말인데 성경에서는 하나님이 개인에게 부여하
신 재능이나 능력을 나타내는 말로도 쓴다고 하네. 그 말은 결국 사
람은 여러 개의 재능을 타고 났다는 거지. 어쩌면 모모는 아직 모모
가 가지고 있는 재능을 발견하지 못했거나 발견했어도 어떻게 사용
해야 할지 모르는 게 아닐까?

　하워드 가드너라는 하버드대학교 교수이자 심리학자가 있는데 그
는 '다중지능이론'을 이야기했어. 인간의 지능은 하나로 잴 수 없기에

다중, 즉 여러 개의 지능을 가지고 있다고 봐야 한다고 주장하고 있단다. 만약 IQ로만 머리가 좋고 나쁨을 잰다면 IQ가 좋은 사람은 모두 공부를 잘해야 한다는 건데, 우리에게는 다중지능이 있어서 학교 공부를 잘하는 것 외에 다른 재능과 지능을 가지고 있다고 가정해보는 거지.

모모는 어떤 지능을 가지고 있을까? 공부 머리 말고 다른 거 말이야. 이 다중지능을 알아채고 갈고 닦는 과정을 통해서 성공의 기회가 열린다고 하더라. 그러니까 한번 생각해볼까? 이 여덟 가지 지능 중에 특히 우수한 지능이 있다면 그것들의 조합을 통해서 직업과 연관시켜볼 수도 있을 거야.

- **인간친화기능** : 대인관계를 잘 이끌어갈 수 있니?

- **자연지능** : 환경을 탐색하고 분석할 수 있니?

- **공간지능** : 도형, 그림, 지도, 입체 등을 구상하고 만들어낼 수 있니?

- **음악지능** : 음과 박자를 쉽게 느끼고 만들어낼 수 있니?

- **신체운동지능** : 춤, 운동, 연기 등을 쉽게 익히고 만들어낼 수 있니?

- **논리수학지능** : 숫자, 규칙 등을 잘 익히고 만들어낼 수 있니?

- **언어지능** : 말재주와 글 솜씨가 있니?

- **자기성찰지능** : 나는 어떤 사람인가 생각하고 감정을 읽고 표현할 수 있니?

나는 정말
잘하는 게 하나도
없는데요?

저는 공부도 못하고 운동도 못하고 그림도 못 그리고요,
적성검사를 해도 수준이 최하예요,
정말 잘하는 게 하나도 없는 것 같아요.

　잘하는 게 없다고 생각하면 그런 마음이 들 거야. '아, 나는 정말
쓸모없는 사람이구나.' 어디에서도 관심과 사랑을 받지 못하고 항상
실패만 해서 비웃음 당할까 봐 더 쪼그라든 마음 때문에 많이 속상할
거야.

　그런데 모모의 말을 한번 바꿔보도록 하자. '잘하는 게 아무것도
없어'라고 말하지 말고 '이건 아직 잘 못해'라고. 잘하고 싶은 게 있다
면 잘할 때까지 연습해야 하는 거야. 피겨 금메달리스트 김연아 선수

가 한 동작을 몸에 익히기 위해 만 번의 점프를 했다고 해. 완벽한 동작을 위해 만 번 넘어졌다는 거지. 최근에 은퇴한 발레리나 강수진은 1년 동안 토슈즈를 250켤레나 갈아 신었대. 최고의 위치에서도 하루도 빠지지 않고 연습했다고 하잖아. 모모는 뭘 잘해보고 싶니? 원래 타고난 적성을 발견하는 것도 중요하지만 무언가를 잘해보고 싶은지를 생각해보는 것도 좋겠어. 그리고 부단히 연습해야 해. 최고가 되겠다는 꿈을 꾸려면 죽을힘을 다해서 노력해야 한대.

뭘 잘해보고 싶은지 흥미를 알아보려면 경험을 많이 해봐야 해. 어디에서 어떤 경험을 해보면 좋을까? 학교 안에서부터 찾아보자. 학교에서 수업을 할 때 꼭 선생님이 교과서 진도만 나가지는 않으실 거야. 다양한 체험형 학습이 가능하도록 여러 가지 방법을 시도하시지 않니? 동영상을 보여주기도 하고 토론도 하고 실험도 해보기도 하잖아. 조를 짜서 조사하고 발표하는 수업도 하지. 그런 활동들 속에서 집중해서 말을 잘하고 리더십이 있고 정리를 잘하는 모모를 발견하게 될 거야. 잘한다는 것을 좀 더 작게 쪼개보렴. '나는 이런 데 재미를 느끼고 잘하려고 조금 더 노력하는구나!' 하고 발견할 수 있을걸. 분명히.

학교 밖 활동도 기회가 많이 열려 있어. 주말에 박물관이나 박람회장에 가볼 수도 있고 자연체험을 해볼 수도 있잖아. 거기에서 모모의 흥미를 돋울 수 있는 경험을 콕 찍어 봐. 그걸 쉽사리 찾지 못한다면 아직 마음이 열려 있지 않아서인 거야.

어떻게 재능을
키우나요?

아직 재능이라고 할 만한 걸 발견하지 못했어요,
그리고 그게 재능인지 어떻게 알아봐요?

샘이 부모님들을 만나면 꼭 말씀드리고는 해. "아이들을 잘 관찰해
주세요. 자신감이 자라도록 칭찬을 많이 해주세요. 그리고 조금이라
도 재능을 보이면 흥미를 잃지 않도록 계속 응원해주세요"라고 말이
야. 어려서부터 그런 환경에서 자란 모모라면 재능을 가꾸는 것이 자
연스러울 거야. 물론 부모님의 응원이 꼭 필요하지. 포기하지 않도록.

날 때부터 타고난 재능만이 중요한 건 아니란다. 재능을 가지고
있더라도 그걸 더 잘해내기 위해 노력하지 않으면 진짜 잘한다고, 진
짜 능력이라고 볼 수 없어. 어떻게 하면 한발 더 나아갈 수 있을까?

그 고민을 해야지. 잘하는 게 없다고 좌절하기에는 좀 이른 것 같아.

'1만 시간의 법칙'이라는 이론을 들어본 적 있니? 이 이론의 창시자인 안데르스 에릭슨이라는 심리학자가 말했어. 타고난 재능보다 중요한 건 '목적의식 있는 연습'이래. 그냥 1만 시간 동안 노력하는 게 아니라 굳은 의지를 가지고 제대로 연습하는 것. 그리고 그냥 열심히 하는 게 아니라 '다르게' 해야 한대. 모모의 재능은 어딘가에 숨어 있을 거야. 그 재능을 가꿔가는 건 모모의 몫인 거지.

유명하고 성공한 사람들도 모든 것을 잘하지 않아. 잘할 수도 없고. 모모가 되길 원하는 건 완벽한 사람은 아닐 거야. 완벽하고 싶겠지만 그게 잘 되지 않는다는 걸 샘도 알고 모모도 알지.

모모가 TV에 출연한다고 상상해보자. '텔레비전에 내가 나왔으면 정말 좋겠네!'라는 노랫말은 알고 있지? 자, 사람들이 모모를 지켜본다고 생각했을 때 어떤 모습을 보여주고 싶니? 잘하는 거? 꼭 잘해야 하는 게 아니라 네 모습을 보여주면 어때? 그러면 샘이 모모를 더 많이 이해할 수 있을 것 같아.

내가 뭘 잘하는지 알려면 내가 잘해서 뿌듯하고 보람됐던 일을 생각해보렴. 엄마한테 칭찬 듣고 싶었던 일 같은 걸 말이야. 엄마가 칭찬해주지 않은 건 엄마의 기준이 높아서 그런 거고, 모모가 듣고 싶은 칭찬과 인정을 스스로에게 해보는 것도 좋을 거야. '모모야, 너 정말 잘했어!'라고 거울 보면서 한번 이야기해보렴.

나를 위한 칭찬리스트

희망샘
TIP!

오늘을 열심히 살아낸 모모를 위한 칭찬 목록을 만들어보렴. 모모 생각보다 스스로 참 괜찮은 사람이란 걸 느낄 수 있을 거야.

날짜	내용

(예) 수업시간에 선생님이 질문하셨는데 손들고 발표를 했다. 답을 잘했다고 칭찬해주셔서 친구들의 박수를 받았다.

(예) 학교 도서관에서 빌려온 책을 한 권 다 읽었다. 오래 걸릴 줄 알았는데 생각보다 재미있어서 금방 읽었다. 짧지만 독서노트도 적었다.

(예) 환경미화를 위해서 교실 꾸미기를 하는데 내가 낸 아이디어를 친구들이 좋다고 말해줬고, 통일된 주제로 꾸미니까 훨씬 교실이 산뜻해졌다. 내가 이렇게 감각이 있었다니 놀랍다.

심리검사 결과가
엉뚱하게 나왔어요

학교에서 심리검사를 많이 해봤어요.
그런데 결과는 항상 내가 생각해본 적도 없는 직업을
추천하거나 이상하게 나오는 것 같아요.

심리검사에서의 추천 직업과 모모가 생각했던 직업과 달라서 당황했구나. 검사 결과가 모모가 생각했던 모모의 모습과 다른 것 같다면 우선 다음의 모습은 아니었는지 생각해보자.

• 검사할 때 대충 읽고 답한 건 아닐까?

• 평소 모모의 모습 대신 모모가 상상하는 사람의 모습으로 답한 건 아닐까?

- 최근에 너무 자신감이 없고 무기력한 상태는 아니었을까?
- 자신에 대해 아직 잘 모르는 것은 아닐까?

결과를 찬찬히 읽어보고 모모가 생각하지 않았던 모습에 '왜 이런 결과가 나왔을까' 고민해보면 좋을 것 같아. 모든 검사의 결과는 모모에게 의미가 있어. 엉뚱한 결과가 나왔다고 하더라도 모모의 심리를 드러내줄 수 있거든.

심리검사는 검사를 개발하는 기관에서 심리를 파악하는 데 알맞은 문항과 도구를 만들어. 검사 결과가 믿을 만하다는 것을 증명하기 위해 수차례 검증하고 연구한단다. 하지만 완벽한 검사란 있을 수 없지. 약간의 오차는 있더라도 완벽에 가깝기 위해 연구한 결과를 바탕에 두고 '이 검사를 하면 심리적 특성을 잘 예측할 겁니다'라고 가정하는 거야. 그렇다 보니 검사결과를 무조건 믿고 의존하기보다 자신을 이해하는 데 참고하는 도구로 활용해야 해.

예전에 만났던 모모는 진로를 결정하기 위해 흥미검사와 적성검사를 해봤다고 해. 그런데 경험의 폭이 넓지 않으니 관심 있는 직업 분야가 별로 없었다는 거야. 그런데 유일하게 흥미와 적성이 아주 조금 높은 분야가 있었어. 경영 쪽이었지. 아버지가 조그맣게 사업체를 운영하고 있었는데 모모가 보기에 자기도 경영학을 전공하면 괜찮을 것 같다고 생각했대. 그래서 대학 전공을 경영학으로 택한 거야. 그런데 대학교 공부가 영 맞지 않더래. 경영학에서 다양한 분야를 배우지만 생각했던 것과는 너무 달랐다는 거야. 사실 그래. 경영학을 배운다고 해서 경영을 잘할 수 있는 건 아니거든. 나중에 취업을 할 때쯤 고백하더라. 사실 자기가 하고 싶었던 분야는 디자인이었는데 부모님을 설득할 자신이 없어서, 당시에 심리검사는 부모님이 원하는 방향으로 체크했던 거였대. 검사결과에 따라 경영학을 전공하겠다고 하니 부모님이 좋아하셨다고 해.

모모는 뒤늦게야 후회하고 있을까? 원래 하고 싶었던 분야와 전혀 다른 분야의 길을 시작했다고 해서 모모가 좌절할 필요는 없다고 생각해. 왜냐하면 또 다른 길은 이어져 있을 테니 말이야. 훗날 모모는 디자인 회사에 취직했어. 디자인 회사에 디자이너만 근무하는 건 아니거든. 디자이너가 된 것은 아니지만 관심분야에서 완전히 멀어진 건 아닌 거야. 아마도 모모는 디자인을 보는 시각을 익히면서 디자인 회사에서 자신의 역량을 발휘할 일을 하며 만족하고 있을 거야.

기억해야 할 것은 심리검사는 모모의 마음과 진로방향을 탐색하는 도구일 뿐이라는 거야. 정말 중요한 건 모모가 좀 더 자신에 대해 솔직해지는 거란다.

진로심리검사의 종류

희망샘
TIP!

• **흥미검사** : 좋아하는 활동이나 분야, 직업군에 대한 정보를 얻을 수 있다.
(청소년용 직업흥미검사, 직업흥미검사, 진로탐색검사, 스트롱 진로탐색검사)

• **적성검사** : 재능 있는 분야에 대한 정보를 얻고 어떤 분야에서 성공할 수 있을지 예측할 수 있다. (청소년용 직업적성검사, 직업적성검사)

• **성격검사** : 독특한 성격이나 성향을 확인하여 해당 직업에서 잘 맞는 성격인지 확인할 수 있다. (MBTI 성격유형검사, 에니어그램 유형검사)

• **직업가치관 검사** : 살면서 가장 중요하게 생각하는 직업적 가치관은 무엇인지, 직업가치를 실현해주는 직업을 안내해준다.

심리검사는 검사를 하는 것보다 검사결과를 검토하고 분석하는 것이 더 중요해. 심리검사를 받은 후, 아래의 칸을 채워보도록 하자.

심리검사 결과	내가 생각했던 나와 전혀 다른 부분	왜 그럴까?

적성과 흥미가
다르니 헷갈려요

적성과 흥미가 다른 경우에
어떤 쪽을 택하면 되나요?

적성과 흥미분야가 같지 않아서 혼란스러운 모모들을 정말 많이
봤어. 어른들을 상담해봐도 그렇더라. 잘하는 건 꼼꼼하게 관리하는
일인데 사실 이 일을 되게 싫어한다고 고백한 사람이 있었어. 전공이
웹디자인이라 디자인 툴을 활용해서 잘 만들어낼 수는 있는데 좋아하
는 건 순수예술 분야라는 사람도 있고.

그러면 어떻게 해야 할까? 잘하던 일을 그만두고 좋아하는 일을 위
해 과감히 다시 시작해야 할까? 어떤 사람은 이렇게 말하기도 해. 하
고 싶은 일이 있어서 열심히 노력하는데 노력만큼 잘하지 못하는 것

같아 속상하다고. 그러면 하고 싶은 일을 포기하고 잘하는 일을 위해 다시 시작해야 할까? 결국 선택의 문제야.

가장 만족스러운 건 뭘까? 잘하는 일을 시작하고 좋아하게 되던가, 좋아하는 일을 시작하고 열심히 노력해서 잘하게 되던가. 그게 최선일 거야. 그래서 가장 좋은 직업은 좋아하는 일이면서 잘하는 일일 거야. 즉, 적성과 흥미가 일치하는 직업인 거지. 그런 직업을 찾으면 참 좋을 텐데 말이야.

샘은 상담하는 일을 하고 싶었어. 다른 사람에게 도움을 주는 의미 있는 일을 찾은 거지. 하지만 샘이 잘하는 건 분석하고 판단하고 조언하는 일이었어. 갑자기 혼란스러운 거야. 상담하는 일은 다른 사람의 이야기를 듣고 따뜻하게 공감하고 위로하는 걸 잘해야 하거든. 그런데 나는 그걸 잘 못하는 사람인 것 같아서 좌절했지. 그래서 선생님이 택한 직업은 '심리상담가'가 아닌 '커리어 컨설턴트'였어. 진로와 직업 분야에 대해 분석하고 판단하고 조언해주는 역할을 하는 거지. 물론 상담을 깊이 공부했기 때문에 진로에 대해 조언하고 상담하는 일을 더 잘할 수 있었다고 생각해.

이렇게 전혀 다른 분야의 것들을 섞어서 새로운 것을 만들어보는 것을 융합(convergence)이라고 한다. 모모의 적성과 흥미를 살려줄 융합적인 직업은 뭐가 있을지 한번 생각해보자. 그러면 꼭 좋아하는 분야 안에서 잘할 수 있는 일을 새롭게 발견할지도 몰라.

눈길 끄는 이 직업!

미디어콘텐츠창작자, 내가 즐거운 것을 표현하고 소통하고 돈을 버는 이 직업!

미국에는 유튜브 스타들이 전 세계 사람들과 공유하며 연간 수십, 수백 억 원의 수익을 벌어들이고 있어. 재미있는 영상을 누군가는 제작해 업데이트를 하고 누군가는 무료로 영상을 볼 뿐인데 어떻게 수익을 내냐고? 영상에 광고를 붙이면 조회수에 따라서 수익이 발생하는 거야.

최신 이슈, 요리, 뷰티, 다이어트, 게임, 교육 등의 주제는 무궁무진해. 재미있게 빠져드는 분야를 선택해서 '재미'라는 조미료를 가미해서 유튜브 채널에 올리고 사람들과 공유하는 거야. '하고 싶은 일을 마음껏 하면서 돈도 번다'는 모토에 딱 맞는 직업 아닐까?

이 일을 직업으로 삼으려면 자신만의 개성이 뚜렷해서 영상을 보는 사람들이 매력적으로 느껴야만해. 구독자 수를 늘리고 영상 조회수를 늘려야만 지속적인 수익이 생기게 되니까 역시 콘텐츠가 참신해야 가능할 거야.

특별한 학력이나 특정 전공이 필요하지 않지만 콘텐츠를 기획하고 연출하고 촬영하고 편집하는 과정이 생각보다 만만치 않아서 기본적인 지식과 스킬 정도는 익혀야겠지. 세상이 어떻게 돌아가는지 관심을 갖고, 새로운 콘텐츠에 항상 호기심을 갖고 도전할 수 있어야만 수많은 미디어콘텐츠창작자들 사이에서 살아남을 수 있을 거야.

좋아하는 일을 먼저?
잘 하는 일을 먼저?

진로를 결정할 때,
뭘 먼저 고려해야 하나요?

연구결과에 따르면 흥미가 적성이나 능력보다 '직업 성공'과 더 밀접한 관계가 있다고 해. 뭐 잠깐 하다 말 거라면 능력을 발휘해서 성취감을 얻는 것이 중요할 거야. 하지만 한평생 일을 한다고 가정한다면 그 일에 대한 경력을 잘 쌓아 오래도록 일하는 게 중요해. 그래서 흥미 요소를 잘 다뤄야 하는 거야. 더구나 내가 좋아하는 일을 한다면 오랫동안 집중해서 일할 수 있고, 자발적으로 일하고 싶은 마음이 생기게 된단다. 젊은 나이에 창업을 해서 처음에는 돈을 벌지 못하고 망할 위기에 처했다 해도, 계속 포기하지 않고 그 일을 하는 건 '자신이 그 일을 좋아하기 때문'이라고 해. 좋아하는 일을 할 수 있는 것만큼 천운은 없다면서.

그런데 한편으로는 그래. 내가 즐겁고 좋아하는 일인데 다른 여러 가지 외부적인 요소들 때문에 스트레스 받고, 일이 잘 풀리지 않으면 일은 더 이상 즐겁지 않겠지. 그래서 샘은 좋아하는 두 번째 일을 직업으로 선택하고, 가장 좋아하는 일은 돈을 벌지 않아도 즐길 수 있는 놀이와 취미로 삼는 것이 좋다고 생각해. 꼭 좋아하는 일을 최고의 일이라고 여기지 않아도 된다는 거야.

만약 모모가 고등학생이라면 점점 상황이 달라질지도 몰라. 점수에 맞춰서 자기 수준을 낮추거나 높여야 하거든. 그건 결국 능력과 적성을 쫓아간다는 것이고 그 때문에 즐겁지 않아도 다른 대안을 택하기 어렵다는 것을 의미할 수 있어. 어쩌면 진로를 좀 더 일찍 고민해야 하는 이유가 여기에서 나오는 것 같아. 좋아하는 분야를 먼저 찾고 그것이 높은 수준의 능력을 요구하면 일찍부터 노력할 수 있겠지. 만약 모모에게 기회가 있고 시간이 충분하다면 '무엇을 좋아하는지, 무엇을 하고 싶은지'에 대해서 생각하면 쉬워. 하지만 시간이 부족하고 기회가 적을 것 같다면 '나는 무엇을 할 수 있지'에서 시작해보면 좀 더 편하게 진로를 정할 수 있을 거야.

저는 하고 싶은 게
없어요

하고 싶은 일을 찾아보라고 하는데
정말 하고 싶은 게 없어요. 그냥 놀고만 싶은걸요.

어! 샘도 그래. 그냥 놀고만 싶을 때가 있어. 하지만 하고 싶은 건 무척 많아. 그건 샘의 성향인 거야. 호기심이 많고 작은 도전이라도 해보고 싶은, 그런 성격을 가지고 있기 때문에 그래.

하고 싶은 게 없다고 말하는 모모들은 여러 유형이 있더라. 뭔가 하고 싶은 게 있어야 한다는 것에 대한 부담이 느껴져서일 수도 있고, 하고 싶은 게 있어도 자신 있게 말하기 부끄러워서일 수도 있고, 삶 자체가 무기력하고 우울해서일 수도 있고.

그 어떤 유형이라고 해도 모모는 이 땅에 태어나서 건강하고 행복하게 살아갈 가치가 있는 존재인 것은 분명해. 아직 하고 싶은 일이라고 마음속에서 꿈틀거리는 용기와 배짱이 생기지 않아서 '하고 싶은 건 이거야'라고 말하는 게 부담스러운 걸 거야.

놀고 싶다면 놀아. 충분히 즐겁게. 뭘 하고 놀 거니? 놀다 보면 노는 것도 재미없어질 때가 있을 거야. 노는 방법도 다양해야 꾸준히 놀 수 있거든. 뭘 하고 놀든 놀다 보면 재미있는 게 있을 거고, 거기에서 작은 소스를 얻어서 '이런 걸 하면서 살면 진짜 재밌겠다!' 하는 삶을 선택해도 괜찮아. 직업인 인터뷰 기사를 보면 '놀다 보니 내 일을 찾았어요!'하는 사람도 왕왕 있거든.

좋아하는 일 찾기

"좋아하는 일을 해서 저는 행운아예요"라고 말하는 사람들을 보면 어때? 노래를 좋아해서 가수가 되고, 그림 그리는 걸 좋아해서 웹툰 작가가 되고, 요리를 좋아해서 쉐프가 되고. 좋아하는 일을 즐겁게 평생 업으로 삼아 일할 수 있다니 이렇게 부러울 줄이야. 좋아하는 일을 하며 즐겁고 보람되고 인기도 얻고 돈을 벌 수 있다면 얼마나 좋을까? 하지만 늘 좋아하는 일을 하는 것이 즐겁고 재미있는 작업인 것은 아니더라.

무언가 어떤 일을 해보지 않고는 그 일을 좋아하는지 몰라.

어떤 일을 하고 싶어 하고 꿈꿔보지 않으면 역시 몰라.

좋아지려면 스스로에게 의미가 있어야 해.

좋아지려면 잘한다는 걸 확인해야 해.

좋아지려면 할 수 있는 것이어야 해.

좋아지려면 단계를 거쳐 고비도 넘어야 해.

먼저 경험하고 생각하고 실패하고 다시 해보는 과정을 견디지 않으면 할 수 있는지, 잘하는지, 의미 있는지, 그래서 좋아지는지 알 수 없어.

내가 하고 싶은 일과
부모님이 원하는
직업이 달라요

STORY 19

저는 소설가가 되고 싶은데요,
소설가로 성공하기는 어렵다고 부모님은 공무원이 되래요.

모모의 부모님은 모모를 정말 많이 사랑하시나 보다. 모모가 꾸려나갈 삶이 조금 더 편안하도록 도움을 주고 싶으신가 봐. 그래서 부모님이 생각하기에 괜찮은 직업을 먼저 알려주고, 모모가 그대로 살아가면 돈도 많이 벌고 행복해질 거라고 생각해서 그러실 거야.

부모님이 모모의 삶을 대신 살아줄 수는 없는 거야. 그런데 간혹 부모님은 모모를 낳아주고 키워주셨기 때문에 부모님이 이루지 못한 꿈을 모모에게 대신해달라고 하거나, 자신이 살아온 삶이 나쁘지 않을 때 그대로 살아가기를 권해서. 그걸 심리학 용어로는 '동일시'라고 해.

하지만 뚜렷하게 모모가 하고자 하는 분야가 있다면 모모가 어떤 일을 하고 싶고, 그 일을 강력하게 원한다는 걸 부모님에게 설득해야 할 거야. 그렇지만 모모가 원하는 바가 확실하지 않다면 설득에도 실패하고 부모님에게 설득당해서 부모님의 의지와 바람대로 살아가게 될지도 몰라.

샘이 많은 부모님들을 만나보았는데 부모님이 바라는 건 결국 '모모가 행복해졌으면 좋겠어요'라는 거더라. 모모가 택하는 삶이 불행할까 봐 걱정스러우면 모모의 꿈을 반대할 수 있는데 그게 부모님이 할 수 있는 모모를 위한 길이라고 생각해서 그런 거야. 부모님의 마음도 충분히 이해해드리렴.

모모야, 부모님과 진지하게 대화를 나누어볼 때인 것 같다. 부모님이 원하는 게 '모모의 행복'이라면 "힘들고 어려워도 내가 행복할 수 있는 길은 이거 같아요"라고 부모님을 설득해보는 거야. 그전에 왜 네가 그 일을 하고 싶은지, 해야만 하는지 자신을 설득하는 과정이 우선되어야겠다. 그걸 바로 '자기 확신'이라고 해. 모모 너 자신을 믿어야만 다른 사람에게 믿음을 줄 수 있거든.

자기 확신을 갖는 법

아침에 눈뜨면 세면대 거울을 보면서 주문을 외우자.

"나는 매일매일 모든 면에서 좋아지고 있다!"

저녁에 잠들기 전에도 주문을 외우자.

"나는 매일매일 모든 면에서 좋아지고 있다!"

이 주문은 프랑스 약리학자인 에밀 쿠에가 강조한 거야. 어느 날 위약효과(효과가 없는 가짜 약을 먹고도 환자들이 치료효과가 있을 거라고 긍정적으로 믿어서 병세가 호전되는 현상)를 발견하고 연구해 자기암시의 효과를 증명해냈어. 말은 강력한 힘을 가지고 있어서, 자기에게 외치는 긍정적인 메시지가 스스로 변화시킬 수 있는 힘을 보여준 거지. 자기에게 최면을 걸어 강력한 믿음을 심어주면 다른 사람에게도 자신감 있게 자기 이야기를 펼칠 수 있게 될 거야.

저는 그림도 그리고 싶고요, 여행도 많이 다니고 싶어요,

아픈 사람들의 병을 고쳐주고 싶기도 해요,

집 짓는 일도 멋지지 않아요?

하고 싶은 게 이렇게 많은데 어떻게 직업을 하나만 가져요?

모모는 지금 너무 하고 싶은 일이 많아서 그 안의 공통점을 찾기

가 어려운가 보다. 모모의 마음 충분히 이해해. 하지만 언제까지 방

황만 하고 있을 수는 없잖아. 샘은 이렇게 대답해줄게. "Why not?

왜 안 되겠어? 하면 되지!"

모나리자를 그린 화가, 누군지 아니? 레오나르도 다빈치야. 15세

기 르네상스 시대의 대표적인 천재 화가이자 과학자이자 기술자이

자 사상가였단다. 조각, 그림, 건축, 수학, 과학, 음악과 같은 다양한 분야에 재능을 가지고 있어서 자신이 원하는 일을 자유롭게 몰입해서 했던 인물이지. 할 수 있고 잘하는 게 많았다고 하니 대단하다 싶다.

'나는 생각한다, 그러므로 나는 존재한다'는 말을 한 사람은 누구게? 데카르트라는 근세철학의 대표 철학자야. 그 사람은 의학자이자 물리학자이자 수학자였대. 관심 분야가 많고 또 그 분야에 대한 특별한 재능을 보이니까 원하는 일을 마음껏 할 수 있는 기회를 얻을 수 있었던 거지.

하고 싶은 게 많다면 꼭 하나만 해야 할 필요는 없다고 생각해. 하물며 샘도 상담도 하고 강의도 하고 글도 쓰고 있단다. 커리어 컨설턴트라는 직업을 가지고 있지만 그 안에서 하는 일이 다양한 거야. 때로는 상담사, 강사, 작가의 역할을 하는 거지.

모모가 하고 싶은 분야의 일이 다 제각각 흩어져 있는 것 같지만 공통분모를 가지고 있다면 그걸 잘 들여다보렴. 요즘처럼 정보화 시대에는 과거보다 기회를 얻기 더욱 쉽단다. 그러니 무엇을 시도하지 못하겠니? 그래서 샘은 오늘도 새로운 일에 대해 즐거운 상상을 해보게 돼.

연구원이지만 밴드의 보컬이 되어 음악활동을 하는 모모.

사진 전시회를 여는 건축가 모모.

학생들에게 마케팅을 가르치는 마케팅 전문가 모모.

영화감독이면서 배우인 모모.

빵 굽는 엔지니어 모모.

요즘은 투잡(Two-job)시대라고도 해. 하지만 두 개의 직업을 함께 하더라도 중심축이 되는 직업이 있어서 그 안에서 사람을 만나고 전문분야를 쌓아가면서 영역을 점점 넓혀가는 게 필요한 거야. 만약 모모가 하고 싶은 게 여러 개라면 그 중에서 어떤 분야를 중심축으로 가져갈지 고민해보면 좋겠다.

눈길 끄는 이 직업!

웹툰번역가, 재미있는 웹툰이 글로벌 시장에서 통한다!

국내 포털 업체가 웹툰 서비스를 하면서 우리나라의 만화 산업은 비약적인 발전을 하기 시작했어. 미국, 일본 등 만화 산업이 발달한 나라를 위협할 만큼. 웹툰 시장에도 한류가 분다고 하니까 말 다했지. 우리의 웹툰이 글로벌 시장에 진출하려면 아무래도 우리나라 말을 외국인이 이해하기 쉽게 번역하는 게 관건일 거야.

웹툰번역가는 한국어로 제작된 국내 웹툰작품을 외국어로 번역하는 일을 전문으로 해. 소설이나 자기계발서를 번역하는 것과는 다르게 만화 컷에 따라 작은 말풍선 안에 제한된 글자수로 번역을 해야 한다는 점에서 조금 다를 거야. 더군다나 원작 웹툰에서 작가가 의도한 바를 이해하고 웹툰을 보는 외국인들에게 전달하려면 좀 더 창의적으로 접근해야 할 거야.

일단 번역가는 한국어 실력과 외국어 실력을 갖춰야 하는데 웹툰번역가는 만화적 표현에 익숙해서 구어체로 번역을 해야 할 거야. 또 우리나라에서는 통하지만 외국에서는 금기시되어 있는 문화가 있다면 잘 이해하고 웹툰에 녹여내야 할 거야.

우리나라 웹툰 시장의 규모가 1,000억 원의 가치에 이른대. 아직까지 우리나라에서 웹툰을 전문으로 번역하는 사람은 그 수가 매우 적어. 실제로 웹툰 전문 회사의 담당자가 번역전문가를 찾는 데 매우 공을 들인다고 해. 번역이 잘 되어야 해외에 진출해서 성공할 수 있다고 가정하니까 말이야.

우리나라의 웹툰이 세계적으로 사랑받을 수 있는데 아주 큰 역할을 할 웹툰번역가는 앞으로 직업적 성장 가능성을 기대해볼 수 있을 거야.

살면서 직업은
몇 번이나 바뀌나요?

한 가지 직업으로 평생 일하는 사람이 많지 않대요,
직장도 여러 번 옮기기도 하고요, 몇 번이나 직업을 바꿔야 할까요?

　예전에는 60세 이전에 정년을 맞아 은퇴를 했었다면 지금은 70세
가 되어도 건강하게 나이 드신 분들이 많아서 일을 계속 하고 싶다고
하는 분들이 많단다. 60대, 70대의 나이에도 다른 사람으로부터 노
인이라 불리는 게 싫다며 스스로 노인이 아니라 생각하는 어르신들
도 많아졌지. 고령화, 노령화는 직업과 직접적인 연관이 있어. 죽을
때까지 한 가지 직업으로 살아가기가 어려워진 거야. 그래서 인생을
살면서 직업을 몇 차례 바꾸게 된대. 꼭 바꿔야 한다기보다 직업 세
계와 외부환경이 빠르게 변화해서 같은 일을 고수할 수 없어져서인

거야.

'도도새'라고 들어봤니? 인도양의 모리셔스라는 섬에 사는 새인데, 먹이가 많고 천적도 없는 천국에서 살다 보니 빨리 달릴 필요도 없고, 높이 날 필요도 없어져서 새의 날개가 퇴화됐다고 해. 포르투갈 사람들이 처음 이 섬을 발견했는데 사람들이 가까이 와도 이 새는 멀뚱멀뚱 쳐다만 볼 뿐, 도망갈 생각을 하지 않아서 포르투갈어로 '어리석다'는 의미의 도도라는 이름이 붙었다고 해. 천국 같은 환경의 섬에서 살다가 이 작은 섬에 사람들이 들어오고 다른 동물도 유입되면서 환경이 변화했는데 결국 적응을 못하고 멸종되었대.

도도새 이야기는 요즘처럼 변화가 많은 시대에 우리에게 중요한 메시지를 주고 있어. 변화에 대처하고 적응하는 것이 중요하다는 거지. 미래학자들은 평균 연령이 120세가 될 거라 예측하고 일생에 7~8번 정도 직업을 바꿀 것이라고 말했어. 진로의 방향이 다양한 갈래로 뻗어나갈 수 있는 것처럼 직업의 가능성과 방향도 여러 갈래로 나뉠 수 있다는 것으로 이해해보자. 모든 사람이 그런 건 아니야. 안정적인 직업군이나 직장에서 일을 한다고 하면 몇십 년 같은 일을 할 수도 있을 거야. 그럼에도 불구하고 은퇴 후에 새로운 일을 해야 할 때가 오겠지. 그러면 직장에서 하던 일을 할 수 있을지, 전혀 다른 일을 택해야 할지 고민하게 될 거란다. 직업세계는 모모가 상상하는 것보다 훨씬 다양해. 때문에 모두가 같은 방식으로 갈 필요도 없고 자기만의 생존을 위해 미리 준비하고 계속 나아갈 수밖에 없는 거야.

잘 살아가기 위한 단계

유럽에서는 생애주기를 네 단계로 나눈대.

- **퍼스트 에이지(First Age)**: 20대까지 배움의 단계(Learning)

- **세컨드 에이지(Second Age)**: 30대 이후 배움을 통해 사회에 정착하고 일과 가정을 이루는 단계(Doing)

- **서드 에이지(Third Age)**: 인생의 가장 긴 시기로 40세 이후 30년간 인생의 2차 성장을 통해 자기실현을 추구하는 단계(Becoming)

- **포스 에이지(Fourth Age)**: 황혼을 맞이하는 시기로 젊게 살다가 삶을 마감하는 단계(Integration)

아직 모모들은 First Age 배움의 단계를 살아가고 있으니 열심히 배우고 익히는 데 주력해야 해. 모모의 퍼스트 에이지, 무엇을 배우면 다음 단계로 나아가는 데 유익할까?

창직이
뭐예요?

요즘은 취업이 잘 안되니까 창업을 하라고도 한대요.
창업이라는 말은 많이 들어봤는데 창직이라는 말은 생소해요.

취업이 어려운 시대인 거 맞아. 대학을 졸업한 졸업생들이 쏟아져
나오는데 좋은 일자리는 적어서 취업관문을 통과하는 게 정말 너무
어렵다고들 해. 예전처럼 대학 나오고 영어를 좀 하면 취업이 쉽게
되던 시대하고는 차원이 달라진 거야. 아마도 모모가 취업을 해야 하
는 시점이 오면 또 다른 세상이 기다리고 있을 거야.

취업이 어려워서 창업을 하는 것은 아니야. 물론 몇몇의 창업자들
이 대기업 취업을 준비하다가 방향을 틀어서, 작더라도 새로운 아이
템을 가지고 창업의 영역을 넓히고 있다는 인터뷰를 종종 접하게 돼.

뭐든 시작은 미약하잖니. 모모들이 쉽게 접하는 유튜브나 페이스북도 사실 대학생들이 의기투합해서 '이런 서비스가 있으면 좋겠다!'는 아이디어로 창업 후 지금의 대형기업이 된 거지. 누군가 창업을 해야 새로운 분야가 열리고 일자리도 늘어난다고 가정해보면 창업은 취업보다 몇 배의 일자리 효과를 가질 수 있단다. 하지만 창업이 만만한 것은 절대 아니야. 아직 사회경험이 충분치 않고 세상에 대한 지식과 정보가 부족하고 노하우가 없으면 실패할 수 있다는 위험부담을 안고 가야 하거든.

창업은 스스로를 고용하는 사장님이 된다는 것인데, 여기에서 좀 더 나아가서 창직을 한다는 것은 기존에 있는 직업세계에서 벗어나는 거야. 자신이 가지고 있는 재능과 흥미를 발휘하고자 스스로 하고 싶은 일을 만들어내는 것을 의미해. 기존에 있는 일들은 '남이 시키는 일, 남이 만들어놓은 일'이기 때문에 보다 더 창의적으로 삶을 꾸려가고 싶을 때 참신한 아이디어를 보태서 새로운 일을 만드는 거야.

특히 요즘처럼 과거보다 변화가 어마어마하게 빠른 시대에는 새로운 직업군의 개발이 더 요구되기 때문에 모모가 '창직을 하겠다'라고 선언한다면 샘은 기꺼이 응원의 박수를 보내주고 싶어.

창직의 요령

1) 세상에 필요한 일인데, 이 일에 관한 직업이 없을 때 아이디어를 얻는다.
2) 내가 관심을 가지고 있는 분야를 여러 개 늘어놓고 카드에 적어서 조합해본다.
3) 우리나라에 아직 없지만 외국에 있다는 직업들의 좋은 사례를 찾아본다.
4) 우리나라 실정에 맞는 특성들을 다듬어 직업화시킨다.
5) 참신하면서 돈을 벌 수 있고 실현 가능해야 한다는 조건을 충족해야 한다.

창직 사례

• **메시지필름제작자** : 고령화 사회의 웰다잉(well-dying) 시대가 거론되는 오늘날, '죽음을 앞둔 이의 의뢰로 남은 사람에게 좋은 추억을 만들어주기 위한 영상을 제작하면 어떨까' 하는 생각을 하다. 고인의 유언을 영상에 담는 것이므로 사람을 상대하는 기술과 영상 제작과 편집 기술이 필요하다. 죽음을 슬픔이 아닌, 소중한 추억으로 만들어주는 직업이라면 의미 있겠다.

• **장애인여행코디네이터** : 누구나 여행을 떠나 넓은 세상을 누리고 싶은데 몸이 불편한 장애인은 여행을 떠날 기회조차 가지기 어렵다. '장애인의 삶을 이해하고 그들의 편의를 고려해 맞춤 여행 코스를 짜주는 전문가가 있다면 어떨까' 하고 생각하다. 여행과 관광에 대한 관심이 있고, 장애인의 장애 유형을 이해하고 맞춤 서비스를 제공할 수 있어야 한다. 이미 일본, 독일에서는 장애인 관광이 활성화되어 있다.

• **홈스쿨코디네이터** : 시험 스트레스로 힘들어하는 학생들이 학교 대신 집에서 공부하는 '홈스쿨링'을 선택하는 경우가 종종 있다. 우리나라에도 1999년부터 홈스쿨링이 도입되기 시작했는데 아직 홈스쿨링의 기준이 명확하지 않은 실정이라서 관련 전문가가 필요해졌다. 홈스쿨코디네이터로서 부모와 학생을 상담하고 학생에게 맞춤 교육과정을 짜주고 학습이 잘 진행되도록 관리하고 감독해서 공부습관을 들이도록 돕는 일을 한다. 학습지 방문교사와는 전문성 측면에서 차이가 있다.

특이한 직업을
가지고 싶어요

평범한 건 싫어요,
직업을 갖게 되어도 남들이 쉽게 넘볼 수 없는 직업군에서
독보적으로 일하고 싶어요. 그런 직업이 있나요?

　흥미롭다! 특이한 직업을 가지고 싶다니. 아마도 모모는 남다른
'어떤 존재'가 되고 싶나 보구나. 남들이 쉽게 할 수 있는 뻔하고 평범
한 삶을 살고 싶지 않은 모양이야. 하긴, 요즘 같은 시대에는 '남다르
고 독보적인' 사람이 관심을 많이 받지. 그러면서 멋진 삶을 살게 된
다면 사람들은 말할 거야. "멋져요! 나도 당신처럼 되고 싶어요!"라
고. 모모도 아마 그런 마음으로 직업을 택하고 싶은 모양이다.

　특이한 직업을 가지고 싶다고 하니까 쌤이 알려주기는 할게. 하지

만 분명한 건 이제껏 계속 말했던 것처럼 특이한 직업이 목적이 되어서는 안 되고 모모에게 잘 맞을 만한지 충분히 고민해보고 선택해야 해. 호기심을 부르고 흥미롭다고 해서 모모가 평생직업으로 삼을 만하다고 단정 짓기는 어렵거든.

다만 흥미를 가지고 직업의 특성을 이해해보고 모모가 가지고 있는 특성과 대입해보면서 직업을 가지려면 어떤 준비가 필요한지를 꼼꼼히 따져볼 필요가 있어. 한편, 독특한 직업군일수록 그 직업을 가지고 있는 사람이 적고 관련된 정보가 많지 않아서 조금 막막하다 여겨질 거야. 때문에 최대한 정보를 수집하고 상상하면서 직접 실행해보는 적극성이 필요하겠지.

아직 우리나라에는 많이 보급되지 않았지만 해외에서 조금씩 관심을 끌고 있는 독특한 직업군들을 소개하도록 할게. 참고하렴.

세계 이색 직업

희망샘 TIP!

• **사과 전문가** : 2010년에 미국 저가항공사인 사우스웨스트 항공사에서 이용에 불편을 느낀 승객들이 화가 많이 나서 항의를 했다고 해. 그래서 항공사 측에서 사과전문가를 고용해서 신속하고 전문적이면서 외교적인 방식으로 승객들에게 사과하고 문제를 해결했대. '미안합니다'라는 말 한마디가 어렵거나 자칫 오해가 더 심해질까 걱정되는 사람들의 필요를 충족시켜주는 직업인 거지.

• **펫푸드테스터** : 반려동물 시장이 확대되니까 애완동물 시장도 커지고 있어. 사람이 먹었을 때 맛있어야 동물도 맛있게 먹을 수 있다는 생각에서 시작되었는데, 애완동물 사료 품질을 테스트하는 직업이 생겼대! 애완동물 사료회사는 한 명 이상의 테스터를 고용하고 있는데 비위가 강하고 가리는 조건 없이 맛을 볼 수 있는 사람을 선호한대.

• **포춘쿠키 작가** : 속이 텅 비어 있는 포춘쿠키를 깨뜨리면 안에는 특별한 메시지가 담긴 종이가 들어 있지. 이 안의 종이에는 읽는 이의 운명을 예언하는 글이 쓰여 있는데, 식상하면 재미가 없어서 좀 더 차별화된 문구가 필요해졌다. 그래서 포춘쿠키 제조업체에서는 포춘쿠키 작가를 채용해 감성이 묻어나는 문구를 도입하고 있어. 자신이 쓴 희망적인 문구를 통해 사람들이 힘을 낼 수 있다면 참 좋겠다!

• **전문 TV 시청자** : 하루 종일 TV를 볼 수 있다면 얼마나 좋을까. 전문 TV 시청자는 영화나 예능 프로그램 등 일반 시청자들이 어떤 프로그램을 주로 볼지를 전문적으로 추천하는 일을 한대. 방송 프로그램에 대한 이해가 깊고 분석능력을 가지고 있어야만 전문적으로 활동할 수 있어. 세계적 콘텐츠 제공업체 넷플릭스가 처음으로 이들을 고용해서 모니터링을 하고 있대. 그런데 재미있는 프로만 볼 수 있는 건 아니라서 아마 이 직업을 가져도 고충은 있겠다.

• **문화여가사** : 소득이 증가하고 자유시간이 늘어나 문화 여가활동을 즐기며 행복을 추구하려는 사람이 많아지다 보니, 어떻게 하면 시간을 잘 활용하며 의미 있게 보낼 수 있을지 조언하고 관련 프로그램을 계획하고 컨설팅을 하는 문화여가사라는 직업이 생겼다고 해.

유망한 직업을
알고 싶어요

10년 후에도 전망이 밝은 직업을 알고 싶어요.
제가 직업을 선택할 때에도 잘 나갈 직업이 궁금해요.

　　전망 좋은 직업을 준비하고 싶은가 보구나. 유망한 직업은 먼 미래까지 내다보고 장기적으로 일을 하면서 수입도 꾸준하고 앞으로 사라지지 않으면서 일자리가 늘어날 가능성이 높은 직업이겠지? 정말 매력적이다!

　　모모의 말마따나 지금 잘 나가는 직업, 지금 돈 많이 버는 직업들이 10년 후에도 계속 전망이 좋을 거라고 단언하기는 어렵단다. 왜냐하면 세상이 발전하는 속도는 우리가 예측하는 것보다 훨씬 빠르기 때문에 그래.

구글에서 만든 인공지능 알파고가 우리나라 바둑기사 이세돌과 대결을 펼친 이후로 부쩍 인공지능에 대한 관심이 많이 생겼어. 마치 영화 속에 등장했던 인공지능이 현실화되어서 사람들이 기계에 지배되는 거 아니냐며 불안해진 거야. 이런 기술의 개발로 직업의 세계는 엄청 많은 변화가 있을 거란다. 기계가 대체할 수 있는 직업은 사라지게 될 거고, 기계가 대체할 수 없는 직업은 살아남을 거야. 또한, 기술의 발달로 새로운 직업들이 많이 생기게 될 거란다. 그러니 세상이 발전해서 직업이 없어진다고 두려워할 게 아니라 새로운 직업에 관심을 가지고 적응하는 게 바람직할 거야.

직업은 호기심과 관심을 가지고 어떤 일을 하는지 찾아보되, 모모 자신이 어떤 사람인지도 잘 알아야 해. 이를 통해 스스로 그 일을 잘 할 만한 사람인지에 대한 판단을 내릴 수 있어. 그러니까 유망한 직업에 대해서 샘이 알려준다 하더라도 '아~ 이런 직업이 있구나!'로 끝나는 게 아니라 '이 직업을 내가 갖는다면 어떨까?' 하고 생각해보는 것이 필요해.

눈길 끄는 이 직업!

- **사물인터넷(IoT) 보안전문가** : 사물인터넷은 앞으로 우리가 살아가는 세상에 없어서는 안 되는 분야가 될 거라고 해. 우리 주변의 기기장치를 인터넷과 연결해서 다양한 기능을 가능하게 만드는 기술이 폭발적으로 발전할 거야. 그래서 IoT 사물인터넷으로 연결되는 기기의 수가 2020년까지 500억 개 이상으로 늘어날 거래. 스마트폰을 중심으로 각종 모바일 기기나 자동차, 가전제품 등에 IoT가 입혀지면 살기는 더 편해지겠지만 보안과 관련해서는 더욱 취약해지겠지. 앞으로 사물인터넷 관련 전문 보안전문가가 각광을 받을 거야.

- **가상현실(VR) 콘텐츠 개발자** : 영화, 만화, 게임 속에서나 보아왔던 가상현실을 즐기는 시대가 곧 온대. 가상현실은 실제와 유사하지만 실제가 아닌 가상의 공간을 뜻하지. 그 가상의 세계를 현실처럼 구성하려면 기술의 발전도 필요하지만, 현실 아닌 현실을 진짜처럼 느끼기 위한 콘텐츠가 필요할 거야. 다양하고 독특한 아이디어를 구현하는 콘텐츠를 가상현실에 입힌다고 상상해 봐. 무한 상상력을 발휘하는 일을 하고 싶다면 굉장히 매력적이지 않니?

- **소프트웨어 테스터** : 이 직업은 2016년 서울시 유망직종으로 선정되었고 미국의 CEO 매거진 포브스(Forbes) 선정, 2012년 가장 행복한 직업 1위에 선정되었어. 소프트웨어를 출시하기 전에 테스트를 해서 소프트웨어가 사용자 의도에 맞게 만들어졌는지 확인하고, 소프트웨어 품질을 향상시키는 활동을 하는 전문가야. 인터넷, 모바일, 전자기기, 자동차, 의료기기, 게임, 금융 분야에 이르기까지 모두 소프트웨어가 필요하기 때문에 이 테스트 엔지니어로 일한다면 세상의 필요를 충족시키는 자부심으로 일할 수 있을 거야.

- **드론조종사** : 조종사가 없어도 무선으로 조종이 가능한 무인항공기(드론)가 농업, 산림, 군사, 에너지, 컴퓨터과학, 재난구조, 영화 등 다양한 산업에서 활용되고 있고 전망이 밝대. 최근 무인항공기 드론 관련 산업이 호황일 것이라 예상되면서 드론 관련 학과 및 교육과정이 대학에 생기고 있다고 하니 항공분야에 관심과 열정이 있다면 도전해볼 만하겠지.

진로를 찾는
방법을 알려주세요

남들은 어떻게 진로를 찾나요?
저만 고민하는 건 아닐 텐데 궁금해요.

진로를 찾는 방법이 엄청나게 특별할 거라는 생각부터 내려놓으렴. 중요한 문제는 생각보다 굉장히 간단하게 풀리기도 하거든. 다른 사람들은 어떻게 하고 싶은 걸 발견하는지 궁금하니? 그럼 그냥 물어보자. 가장 가까운 사람부터. 부모님이나 선생님, 그리고 친구들의 이야기를 들어 봐. 질문은 간단해.

"어떻게 그 일이 하고 싶어졌어?"라고 묻는 거야. 생각보다 별로 거창하지는 않을 거야. "우연히 뭔가를 해보니까 재미있었어", "잘한다고 칭찬을 들으니까 으쓱해서 해보고 싶어졌어", "그 일을 하면 굉장히 멋져 보일 것 같았어"라고들 대답할 거니까. 대부분 그렇게 흥미를 찾는단다.

직접 질문하는 데에는 한계가 있을 수 있으니까 이번에는 책을 읽어보도록 하자. 성공했다고 하는 사람들의 자서전이나 에세이를 읽어보는 거야. 이 사람들이 어떻게 직업에 관심을 갖게 되었는지, 꿈을 발견하게 되었는지 글 속에서 좋은 팁을 얻을 수 있단다.

멍하니 TV를 보다가도 흥미로운 분야를 만날 수 있어. '오! 신기해!'라는 반응, 그 자체가 모모에게 의미 있는 거야. TV에 셰프라는 사람이 나와서 요리를 하고 맛을 보는 예능 프로그램이 많이 있잖아. 그래서 요즘 뜨는 직업은 셰프(요리사)래. 한편, 집의 인테리어를 새롭게 해주는 프로그램도 왕왕 보이더라. 그런 프로그램이 아예 없었던 건 아닌데 사람들의 관심, 트렌드에 따라서 방송 프로그램이 많아지다 보니 비슷한 프로그램이 계속 나오는 거야. 그러면서 '인테리어 디자이너'라는 직업이 꽤 멋지다 하는 학생들도 자주 보게 됐어.

멋지게 포장된 직업들을 보고 '멋지다!'라는 생각에서 출발하지만 정말 모모가 만나게 될 직업의 실체는 어떨지 몰라. 그러니까 꼭 직업을 택하기 전에는 실제 그 일을 하고 있는 사람이 어떻게 그렇게 진로를 잡아갔는지 물어보고 관심을 가져보는 일부터 시작해보자.

진로의 팁을 얻기 위한 인터뷰 질문지

그냥 무턱대고 직업을 택한 이유를 물으면 상대방이 당황할 수 있어. 모모가 어떤 것을 궁금해하고 있는지 생각해보고 차분하게 물어보렴.

1) OO님의 직업은 무엇인가요? 어떤 일을 하시는지 구체적으로 소개해주세요.
2) OO일을 선택한 특별한 계기나 이유가 있나요?
3) OO일을 하기 위해서 어떤 준비를 하셨나요?
4) OO일을 하기 잘했다고 생각한 이유는 무엇인가요?
5) OO일을 하면서 어려운 점이나 후회됐을 때가 있으면 얘기해주세요.
   그때마다 어떻게 극복하셨어요?
6) 가장 보람되고 기억에 남았던 에피소드를 얘기해주세요.
7) 이 일을 하기 위해서 어떤 전공을 하거나 어떤 교육을 받으면 좋을까요?
8) 앞으로 이 일의 전망은 어떨 것 같으세요?
9) 만약 다시 태어나더라도 이 일을 하고 싶으세요?
10) 제가 이 일을 하려고 하는데 해주고 싶은 조언 있으시면 부탁드립니다.

• 모모의 주변에 누구를 인터뷰하면 좋을까?
  세 명을 선택해 직접 인터뷰해보자.
  (   ) (   ) (   )

직업정보나
진로정보는
어디서 구하나요?

정보력을 가지고 있는 게 진짜 무기라고 하던데요,

어디에서 찾아야 할까요?

▶ **모든 정보는 인터넷에 있다!**

요즘은 컴퓨터, 인터넷, 모바일 기기가 생활 속에 아주 깊이 들어와 있어서 어마어마한 정보와 데이터들이 넘쳐나고 이 모든 것이 디지털화되어 있어. 그래서 우리가 무언가 궁금해서 찾고 싶으면 쉽게 스마트폰을 꺼내들거나 인터넷에 접속해보는 거지. 모모가 궁금한 건 모두 다 인터넷에 있다고 볼 수 있어. 대신 어디서 찾아야 하는지 너무 많아서 헷갈리고 어지러울 거야.

▶ 워크넷이나 커리어넷부터 들어가볼까?

워크넷은 고용노동부라는 정부기관에서 직업정보와 채용정보 등을 공개해놓은 곳이야. 그리고 커리어넷은 직업교육훈련과 직업능력 향상을 위해서 한국직업능력개발원에서 만든 사이트란다. 이 두 개의 사이트에서 심리검사를 하고 직업정보를 쉽게 얻을 수 있어.

▶ 성공한 직업인의 인터뷰 기사를 찾아보자!

인터넷 포털 사이트에서도 모모가 찾고자 하는 사람이 있다면 얼마든지 찾아볼 수 있단다. 영상이 친숙한 모모라면 Youtube에 인터뷰 영상을 찾아보는 것도 방법이야.

▶ 가장 좋은 것은 직접 해보는 거야

봉사활동을 하고 동아리활동을 하고 아르바이트를 하면서 모모가 막연하게 생각했던 부분과 어떻게 다른지 몸소 체험하여 얻는 직업정보가 가장 생생하고 진짜란다. 돈과 바꿀 수 없는 가치 있는 일을 해보는 것, 사람들과 어울려서 일하는 것, 돈을 버는 것의 어려움과 보람을 느낄 수 있는 경험에서 진짜를 얻을 수 있는 거지.

눈길 끄는 이 직업!

같은 직업이라도 어떤 곳에서 어떤 전문분야의 일을 하느냐에 따라 일의 내용은 다를 수 있어. 프로듀서(PD)를 예로 들어볼까. 프로듀서는 라디오나 텔레비전 방송 프로그램을 기획하고 구성하고 촬영하고 편집하고 자막을 입히는 모든 작업을 총괄하는 직업이야. 작가, 스태프들과 함께 촬영 내용을 선별하고 편성시간에 맞춰 가장 좋은 콘텐츠를 생산해내는 일을 하지. 하지만 자신이 어떤 분야에서 일을 하느냐에 따라 전문분야가 달라질 거야.

- **드라마PD** : TV 드라마를 기획하고 구성하고 제작하는 일을 한다.

- **편성PD** : 방송과 관련한 시청자의 요구와 사회적 트렌드를 분석해서 방송 프로그램을 편성하는 일을 한다. 방송 프로그램의 개편, 신규 프로그램 기획 및 편성, 품질 관리까지 담당한다.

- **예능PD** : 개그 프로그램, 토크쇼 등 예능 프로그램을 담당하여 '웃음과 감동'을 주는 이야기를 예능 작가와 함께 만들어낸다.

- **스포츠PD** : 생생한 스포츠 현장을 방송을 통해 시청자가 즐길 수 있도록 프로그램을 구성한다.

- **시사교양PD** : 다큐멘터리나 시사 프로그램을 제작하고 책임진다.

- **라디오PD** : 라디오방송 프로그램의 기획, 구성, 주제 선정, 섭외, 취재, 원고 검토, 기술-음악-효과음 선택, 연출, 제작비 관리 등 전체 제작을 총괄한다.

그래서 진로목표를 잡을 때는 우선 직업적으로 큰 그림을 그려보고 구체적으로 어떤 분야의 일을 전문적으로 할 것인지를 고민해볼 필요가 있는 거야. 또 하나, PD가 되려고 언론정보학과, 신문방송학과를 전공으로 택하기도 하지만 실제로는 '전공무관'으로 다양한 전공자들이 방송PD가 되고 있단다.

돈을 많이 벌려면 어떻게 해요?

저는 돈을 많이 벌고 싶어요.
돈이 있어야 하고 싶은 걸 하면서 행복해질 수 있으니까요.

어른들이 그렇게 이야기하지? "요즘 같은 시대에는 정년까지 안 잘리고 회사 다니면서 돈을 벌어야 해. 100세 시대라잖니", "돈 많이 버는 직업이 최고 직업이야"라고 말이야. 돈도 많이 벌면서 직업적인 만족감이 높으면 참 좋을 텐데 말처럼 쉽지 않다고들 해.

샘도 직업을 택할 때 고민을 참 많이 했어. 상담하는 일을 하면 늘 보람을 느끼면서 일할 수 있을 거라고 생각했는데, 이 직업은 돈을 많이 못 번다는 거야. 공부는 엄청 많이 해야 하는데 돈을 많이 못 번다니. 그래서 고민스러웠어. 하지만 샘이 한 가지 믿었던 게 있단다.

'내가 원하는 일을 통해서 성장할 수 있다면 돈은 자연스럽게 따라올 거야'라고 말이야. 그리고 돈을 많이 벌어서 풍족해야만 행복한 건 아니라고 믿었어.

그래서 어떻게 됐을까? 당연히 고생스러웠지. 돈을 벌려면 얼마든지 벌 수 있는데, 자신도 없고 못할 것 같고 그런 생각도 들곤 했지. 그렇지만 돈을 먼저 맹목적으로 뒤따르다가 내가 불행한 건 싫었어. 불행하지 않으려면 내가 좋아하는 일을 내가 좋아하는 사람과 함께 공유할 수 있어야 한다는데 어떻게 생각하니?

여전히 돈을 많이 버는 게 중요하다면, 돈을 많이 벌 수 있는 직업을 택해야 할 거야. 돈이 모모에게 중요한 가치관이니까. 하지만 기억해야 할 건, 그건 평균적인 것이라서 그 직업 안에서도 누구는 돈을 많이 벌고 누구는 돈을 많이 못 벌 수 있다는 거야.

직업을 택할 때는 적성, 흥미, 성격, 가치관, 역량, 조건 등을 모두 다 종합적으로 고려해봐야 해. 다만, 모든 걸 만족하는 훌륭한 직업이 어디에 따로 존재하지 않아. 모모에게 어울리는 직업을 찾고자 하는 마음이 간절한 가운데 많이 보고, 많이 듣고, 많이 익히다 보면 언젠가 모모다움을 일깨워줄 일을 찾게 될 거야. 그게 바로 모모에게 적합한 직업이자 일인 것이고, 그걸 하다보면 자연스럽게 돈을 벌게 될 거야. 돈을 많이 벌려면 무엇이 더 필요할지는 깊은 고민과 연구가 필요해.

다른 사람을
돕는 일을
하고 싶은데요

저는 봉사활동을 오래 해왔어요,
어려운 사람을 돕는 일이 보람되고 가치 있다고 생각하는데
사회복지사를 해야 할까요?

직업은 궁극적으로 의미 있는 일이고 가치 있는 일이지. 그래서 어떤 직업을 갖는다 하더라도 다른 사람을 도울 수 있는 거야. 농사를 짓는다고 가정해보자. 농부가 열심히 논밭을 일구어 곡식을 키우고 열매를 맺게 해야 사람들이 음식을 만들어 먹기 위한 재료가 되지. 결국 내가 하는 일이 다른 사람에게 의미 있는 일로 확장이 된단다. 직접적으로 사람을 돕는 일을 할 수도 있지만, 간접적으로도 다른 사람을 도울 수 있다는 측면에서 남을 돕는 일을 사회복지사로 한

정짓지 않고 다양하게 생각의 폭을 넓혀봤으면 좋겠어.

샘이 대학 다닐 때 한창 뜨는 직업군이 사회복지사였어. 사람이 사람을 돕는다는 측면에서, 더구나 사람이 해내야만 하는 일이기 때문에 사회복지 분야가 앞으로 유망한 직업이라는 거야. 아버지께서 '여자 직업으로 괜찮다더라'라고 말씀하셔서 '어, 그런가?' 했고 대학에서 수업도 들어봤지. 그런데 샘은 결국 심리학을 택하기로 했어. 똑같이 사람을 상대하는 일인데 사람이 잘 살 수 있도록 복지 정책 안에서 지원하는 일과 사람이 심리적인 안정감을 누릴 수 있도록 상담하는 일은 좀 달랐으니까. 어떤 게 내가 원하는 분야인지를 고민해서 결정했던 거야. 그래서 샘은 전공 선택을 잘했다고 생각해.

사회복지사들은 어디에 취업할까? 사회복지기관, NGO단체, 구호단체 등에서 어려운 이웃을 위해 봉사하고 돕는 일을 해. 또 병원에서 일하는 사회복지사도 있어. 물론 박봉에 시달려서 괴롭다고 호소하는 사회복지사들이 많아. 그렇지만 삶이 힘든 사람에게 헌신하는 일만큼 가치 있는 일은 없다며 만족하는 이들도 있지. 직업에 대한 허상만 가지고 직업을 선택하면 곤란해. 어떻게 살고 싶다는 꿈과 비전을 가졌다면 꼭 한 가지 직업에 한정지어서 생각하지 않아도 괜찮아.

진로 관련
책만 보면
졸려요

진로를 찾을 때 책을 많이 보라고 하잖아요.
책상에 앉아 있기도 힘든데
책을 읽겠다고 앉아 있는 시간을 못 견디겠어요.

사람은 경험을 통해서 세상을 배우게 되는데, 직접 몸으로 부딪쳐서 얻는 직접 경험과 책과 이야기로 알아가는 간접 경험으로 나눠져. 우리가 모든 걸 직접 경험할 수는 없으니까, 어떤 세계가 궁금하다면 간접 경험을 통해서 알아볼 수 있단다.

샘은 글자 읽는 게 좋아서 어려서부터 책을 많이 봤어. 도서관이나 서점만 가면 심장이 두근거렸지. 영화에서나 보던 책에 나온 글자를 빠르게 스캔해서 습득해버리는 그런 기술을 익히고 싶다는 생각을 할 정도로. 세상에는 글자 읽는 걸 좋아하는 사람이 있고 몸으로 익히는 걸 좋아하는 사람으로 분류가 되는 것 같아. 글자 읽는 걸 좋아하면 오래 앉아서 책을 붙잡고 읽어내야 하는데, 요즘처럼 바쁜 세상에 시간을 내서 책을 읽기가 쉽지는 않지. 더구나 모모처럼 책을 읽느라 앉아 있는 시간을 못 견딘다면 아마도 책을 잡기만 해도 온몸이 움찔거리면서 집중하기 어려울 거야. 그러다 보면 지루해서 졸음이 쏟아질지도 몰라.

요즘은 흥미로운 콘텐츠들이 많이 쏟아져 나오더라. 만화책처럼 재미있게 술술 넘어가는 책도 많고, 오디오북으로 제작되어서 내가 읽고 싶은 책을 꼭 글로 보지 않고 들을 수도 있거든. 책에는 참 다양한 세상이 숨어 있단다. 책 보는 게 힘들다면 동영상이나 다큐멘터리, 영화도 효과적인 도구가 될 수 있어. 하지만 눈으로 보는 화려한 자극은 생각을 할 수 있는 시간을 많이 주지 않기 때문에, 책 속 활자를 읽으며 생각을 하고 느낌을 정리하면 생각하는 힘도 기를 수 있어. 논술을 따로 배우지 않아도 생각을 표현하는 걸 자연스럽게 익히게 되는 거야. 그래서 책을 많이 읽으라는 이야기를 하는 거고.

만약 책을 읽을 때마다 졸음이 온다면 오늘은 세 장만 읽도록 하자. 대신 세 장을 읽고 그 내용이 무엇이었는지 잠깐 생각해보고 책을 덮는 거야. 분명 잊어버릴지도 모르니까 짧은 문장으로 생각을 기록해놓는 것을 추천할게. 내용이 재미있다면 '세 장만 읽겠다'고 마음먹었어도 더 많이 읽고 싶어지지 않을까? 재미있는 건 자꾸 하고 싶게 만드는 거거든. 그렇게 책 읽는 습관을 바꿔보자. 그렇게 책 한 권을 다 읽고 나면 너무 뿌듯하고 보람될 거야. 한 권씩, 한 권씩 읽은 책이 늘어날 때마다 마음의 부자, 지혜의 부자가 된 것 같은 느낌이 들게 될 거야.

진로독서 감상문 작성 팁

1) 책 한 권을 고른다.
2) 책을 고른 이유를 적는다.
3) 책을 보기 전 어떤 기대를 가졌는지 적는다.
4) 줄거리는 간단히, 핵심 내용을 요약한다.
5) 인상적이었던 부분은 따라 쓴다.
6) 책을 다 읽고 난 후 느낀 점을 적는다.
7) 진로와 연관 지었을 때 배운 점을 적는다.

제목	
책 선정 이유	
기대한 점	
줄거리	
기억에 남는 문장	
느낀 점	
배운 점	

천직을 어떻게 발견하나요?

보통은 평범하게 학교생활을 하다가 대학을 나와서
취업하는 게 일반적이지 않나요?
어떻게 해야 천직을 발견할 수 있나요?

　샘이 어떤 학교에 컨설팅을 하러 갔는데 어떤 모모가 물어보더라. 샘이 하고 있는 일이 샘의 천직이냐고. 그래서 샘은 천직이라 생각한다고 말했어. 너무 운명처럼 이 직업을 만나게 되어서 열심히 준비했고, 운명처럼 취업을 했고, 그래서 지금껏 경력을 쌓아왔다고 대답했지. 그랬더니 어떻게 그런 직업을 만날 수 있었냐고, 멋지다며 놀라워하더라. 내 일에 대해 만족하면서 열심히 일했기 때문에 샘은 '내 일이, 내 직업이, 내 가슴을 뛰게 해요!'라고 천직이라 생각한다고 말했을 뿐인데, 생각보다 많은 사람들이 그런 삶을 살고 있지 않는 것 같아.

천직의 의미는 하늘에서 내려준 직분, 소명이라는 뜻이야. 일을 하면서, 직업인으로서, 어떤 마음자세로 일하느냐가 중요한 거지. 특별히 '천직을 발견했다'라고 하기보다 자신의 일을 얼마나 사랑하고 그 일에 대한 자부심을 가지고 일하느냐가 '천직이라 여기고 일한다' 고 생각할 수 있는 거란다. 부족하거나 모자란 것에 집중하기보다 자기가 할 수 있는 최선을 다하면서 일 안에서 보람을 얻고 삶의 만족으로도 이어질 수 있도록 노력을 계속하면 돼. 그러면 자연스럽게 '나는 직업인이라 참 행복하다!'라는 충만한 느낌을 가질 수 있게 되거든. 그래서 운명처럼 다가오는 기회를 잘 잡아야 하고, 그 기회를 가꿔서 자신의 능력을 키우는 데 사용하면 되는 거야. 직업은, 진로는 넝쿨째 굴러들어오는 거라기보다 정성들여 밥을 짓듯이 만들어가는 거라고 생각해. 모모도 아마 그런 천직을 꿈꾸고 있겠지.

가슴 뛰는 일

작고하신 구본형 선생님의 <필살기> 북콘서트에서 질문을 했던 적이 있어.

"선생님, 다시 태어나도 이 일을 하시겠습니까?"

그 때, 너무나도 당연하다는 듯이 말씀하셨어.

"가끔 다른 일을 했다면 어땠을까 상상해보기도 하지만, 아마 다시 태어나도 글 쓰고 연구하는 일을 계속할 것 같아요."

자신의 직업을 사랑하는 사람, 천직이라 생각하는 사람들은 그렇게 말할 거야. 다시 태어나도 이 일을 하겠노라고. 이 일이 자신의 가슴을 가장 뛰게 하는 일이기 때문에.

직업의 이름은 얼마든지 달리 붙일 수 있어. 직업의 한계에 갇히지 말고 자신이 좋아하고 가슴 뛰는 일이 무엇인지를 분명히 아는 것, 멈추지 말고 계속 나아가는 것, 그렇다면 다시 태어나도 아마 이 일을 계속하고 싶다고 말할 수 있을 거야.

미래를 위해 무얼 준비해야 하나요?

"학교생활, 공부, 입시!
어렵기만 하다구!"

 진로와 관련한 여행의 코스는 잘 따라가고 있니? 길을 가다 멈추어도 괜찮고 잠깐 쉬어도 괜찮고 주변을 둘러보는 데 시간을 써도 괜찮아. 누군가 그러더라. 행복은 성적순이 아니라 노력순이라고. 노력의 가치는 나를 배신하지 않을 거라고 굳게 믿으며 매순간 노력해야 한다고.

그래. 그런 마음으로 가면 어떨까. 어쩌면 누군가는 진로에 대한 고민조차 하지 않고 넘치는 기회 속에서 쉬운 선택을 하면서 갈지도 몰라. 그 사람과 비교하지 않아야 모모의 삶이 조금 더 풍요로워질 수 있다고 믿는다. 샘도 그랬거든.

이번 편에서는 학교생활과 공부에 대한 이야기를 할 거야. 모모가 학교가 아닌 다른 환경 속에서 진로를 택해야 한다면 모르겠지만, 샘이 만났던 많은 모모들은 학교 안에서 고민하고 학교라는 한정된 공간 안에서 꿈을 키워왔거든. 그래서 모모들이 학교 안에서 경험을 하고 공부를 하고 친구를 사귄다는 것을 가정하고 이야기를 풀어갈 거야. 모모 삶의 큰 부분을 차지하는 영역 안에서 공부와 학교생활을 잘 헤쳐 나간다면 조금 더 편안하게 진로의 문을 열 수 있을 거야.

인생은 자전거를 타는 것과 같다.
균형을 잡으려면 계속 움직여야 한다.

_ 알버트 아인슈타인

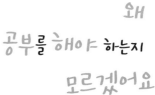

왜
공부를 해야 하는지
모르겠어요

STORY 31

저는 시험 때만 벼락치기로 공부를 해요,
중간 정도의 등수를 유지하고 있지만 좀처럼 공부는 저랑 안 맞아요,

"공부가 가장 쉬웠어요!" 이렇게 말한 사람이 있었어. 샘이 중학생 때 엄마가 베스트셀러라면서 사다 주신 책의 제목이야. 그 책을 처음 받아들고 '말도 안 돼! 공부는 쉽지 않아!'라고 생각했는데 책 내용은 절대 공부만 할 수 없는 환경 속에 있었던 저자가 지독하게 공부에 매달려서 명문대 법대에 입학하는 과정이 담겨 있더라고. 그 과정에 엄청 감동했다기보다 반성을 좀 했어. 정말 공부만 열심히 하면 되는 학생 신분인데(학생의 직분은 공부라잖아.) 자꾸 딴 생각을 하고 막연히 불안해하는 내 모습이 참 못나 보였거든. 힘들고 어려운 상황에서도

105
★

치열하게 노력하는 사람도 있는데 나는 그다지 어려움에 처하지 않았는데도 뭣이 그렇게 답답하기만 했을까 싶었던 거야. 그냥 공부가 하기 싫은 건 아니었을까.

그런데 어른이 되고나서도 공부는 해야 하더라. 대학생이 되면 공부 안 하고 자유로운 청춘을 누릴 수 있을 거라는 말은 거짓이었어. 좀 더 나은 삶을 위해서 어려운 시험에 도전하는 것을 택할 수도 있고, 세상이 너무 빨리 변하니까 뒤쳐지지 않기 위해서 공부는 해야 하더라고. 학교 공부가 아니라 인생 공부, 내가 하고 싶은 공부를 찾아서 하는 공부는 생각보다 꽤 즐겁고 짜릿해. 왜 공부를 해야 하는지 목적을 찾고 싶은 모모의 마음을 응원할게. 공부의 깊은 의미를 이해하면 공부를 하고 싶어질지도 모르니까.

살면서 조금 더 많은 지식을 쌓는다면 살아가는 데 무지해서 답답할 때 조금 더 쉽고 편하게 문제를 풀 수 있어. 그래서 공부를 해야 해. 공부를 잘하면 성취감을 느낄 수 있어서 자존감이 높아지니 공부를 해야 해. 미래를 대비하고 좀 더 나은 삶을 살아가기 위해 공부를 해야 해. 어떤 게 모모의 공부 목적을 충족시켜줄지 모르지만 모모야, 공부는 해야 해.

어떤 과목은
정말 공부하기
싫어요

좋아하는 과목만 공부하면 안 되나요?
왜 하기 싫은 과목을 억지로 공부해야 하죠?

    샘이 아주 놀라운 사실을 하나 알려줄까? 취업을 할 때 많은 기업들에서 입사지원 서류를 평가한 다음에 '인·적성검사'를 보는데 적성검사에 출제되는 문제들이 중학교 수준의 국어문제, 수학문제, 과학문제, 사회문제, 역사문제를 기초로 하고 있단다. 이 관문을 통과하지 못하면 취업을 희망하더라도 면접조차 볼 수 없게 되는 거지. 그래서 구직자(취업을 희망하는 사람)들이 새삼스럽게 중학교 수준의 공부를 다시 하느라 고생을 한단다.

    모모가 공부하는 다양한 과목들은 세상을 살아가는 데 기초가 될 것을 가정한 과목들인 거야. 물론 재미없고 하기 싫은 과목들이 있고, 재미있고 좋아하는 과목들로 구분이 되겠지만 하기 싫더라도 공부를 해놓으면 살아가면서 기초적인 상식으로 작용할 거라고 가정하는 거지.

어쨌든 공부하면서 이해를 했든 암기를 했든 여러 차례 책을 읽었든 간에 무의식 속에 지식으로 담겨 있을 거라고 믿는 거야. 물론 단기간에 벼락치기 공부를 했다면 기억 속에 쉽게 사라져서 잊어버리고 말 거야. 그래서 시험만 보면 내가 무슨 공부를 했었는지 아무 생각이 안 나기도 해.

우리가 음식을 먹을 때 달고 짜고 자극적인 것들을 좋아한다고 늘 그런 것만 먹게 되면 비만이 되거나 병을 앓게 되잖니. 공부도 마찬가지야. 너무 과목편식을 하게 되면 결국 얻는 것보다 잃는 것이 많을 거야. 물론 특수한 케이스가 있어. 체육특기생, 음악특기생, 미술특기생, 수학특기생, 과학특기생으로 인정받았을 때야. 이런 경우에는 한 분야만 잘해도 능력을 인정한다는 거니까 모모가 좋아하고 잘하는 과목만 열심히 해도 된다는 의미야. 하지만 우리의 현실은 그렇지 않지. 모모가 좋아하는 분야와 관련된 과목이 있더라도 특별히 잘하는 과목으로 인정받지 못하는 경우도 많잖아. 그러니까 현실은 현실감 있게 인정하도록 하자.

좋아하는 과목은 즐겁게 공부하렴. 싫어하는 과목은 재미를 붙이려고 노력해 봐. 쉬운 문제를 풀면서 모모의 뇌가 '할 만한데?'라고 느끼게 워밍업을 하고, 아주 조금씩 어려운 문제에 다가가는 거야. 질려서 화가 나려고 하면 재빨리 좋아하는 과목으로 바꿔보는 거지. 그러면 점차 그 과목이 마냥 부담스럽게만 느껴지지는 않을 거야.

우리가 음식을 먹을 때 좋아하는 음식과 싫어하는 음식으로 구분해서 안 먹는 음식은 끝까지 안 먹을 것 같잖아? 그런데 눈 질끈 감고 먹어보면 또 먹을 만하기도 해. '나는 이거 죽었다 깨도 못 먹어!'라는 마음을 조금 말랑말랑하게 풀어보는 거지. 그러면 점점 못 먹는 음식이 줄어들게 돼. 공부도 비슷한 거야. 이 과목을 정말 싫어해서 공부하려고 하면 숨이 콱콱 막히고 재미없어 죽을 것 같다는 마음만 내려놓으면 할 만하더라고.

여러 분야의 전문가들을 만나보면

"만약 다시 학창시절로 돌아간다면 뭘 해보고 싶어요?"
취업해서 직장생활을 하고 있는 경력자들을 만나서 물어보면 하나같이 이렇게 이야기해.
"제 분야를 빨리 개척해서 후회 없이 열심히 공부하고 싶습니다."
숫자를 다루는 일을 하는 사람들은 '수학과 통계공부를 더 열심히 할걸',
외국인과 상대를 하거나 해외 자료를 찾아서 익혀야 하는 사람들은 '영어공부를 더 열심히 할걸',
보고서 작성이 많은 일을 하는 경우에는 '국어공부 좀 제대로 해둘 것을',
세상에 없는 제품을 개발하는 일을 하는 사람들은 '과학 공부를 더 열심히 할걸'이라며 아쉽다 하는 거야.
모모가 잘할 수 있는 분야를 찾는 데에도, 앞으로 하게 될 일의 기초를 닦는 데에도 지금 하는 공부는 반드시 도움이 될 거야.

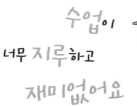

수업 때는 졸고 쉬는 시간에 잠이 깨요.
좀 재미있게 수업해주시면 안 되나요?

물론 선생님의 교육방식이 지루하고 재미없어서일 가능성이 높
아. 재밌게 수업을 하면 흥미를 돋울 수 있을 텐데 그런 걸 배려하지
않는 선생님들이 많지. 쏟아지는 졸음을 이겨내려 아무리 용을 써도
잘 되지 않을 때가 있는 걸 어쩌겠어. 수면욕은 인간의 본능인걸.

샘도 가끔 교육을 들으러 가는데 강사가 너무 재미없는 교육을 진
행할 때가 있어. 졸려. 허벅지를 꼬집고 손바닥을 볼펜으로 찌르고
해도 졸음이 내 의지를 이길 때가 있지. 그럴 땐 살짝 졸기도 해. 교
육을 들을 최상의 컨디션이 아니면 어쩔 수 없는 거지. 한편 재미없

는 교육을 하는 강사가 살짝 원망스럽기도 하고, 열심히 준비해서 교육을 진행하는 강사의 입장을 생각해서 최선을 다해 교육에 참여할 의무도 있다고 생각하고 반성하기도 해.

모범생 모모들은 좋은 성적을 받는 비법으로 "수업시간에 선생님 말씀에 집중했어요!"라고 말한단다. 수업시간에 선생님이 했던 말들이 시험문제로 나올 가능성이 높다는 것을 아는 거지. 너무 재미없는 수업인데도 집중할 수 있다니, 어떻게 그게 가능할까? 모범생 모모들은 수업에 임하는 자세 자체가 다른 경우가 많아. '내가 이 수업에 집중해서 따로 공부를 하지 않아야 더 효율적인 거야'라고 생각하지.

웃기고 재미있는 수업으로 시간을 보냈어도 정확하게 기억에 남을 만한 내용이 없으면 그 시간이 재미있기는 했어도 좋은 수업이라고 볼 수는 없단다. 독일의 교육학자 힐베르트 마이어(Hilbert Meyer)는 〈좋은 수업이란 무엇인가(2004)〉라는 책에서 좋은 수업을 정의 내렸어. 좋은 수업은 민주적인 수업 문화의 틀 아래서 교육 본연의 과제에 기초하여, 성공적인 학습 동맹이라는 목표를 가지고 의미를 가지도록 하며, 모든 학생의 능력이 계속적으로 발전하는 데 기여하는 수업이라고 말했지.

이 말이 무슨 말이냐면 좋은 수업을 위해서 선생님과 학생들이 함께 노력해야 한다는 거야. 선생님은 열심히 준비해서 전달하고 학생은 열심히 참여해야 한다고. 아마 많은 샘들이 좋은 수업을 꾸리고자 고민하면서 시행착오 중일 거야. 모모는 좋은 수업에 임하기 위해 어떤 노력을 하고 있니.

어떻게 하면 수업에 집중할 수 있을지 고민해보자. 우선 교재(교과서)에 선생님의 이야기를 기록하는 거야. 졸음이 끼어들려고 하는 걸 손으로 쓰는 동작을 통해서 뇌가 반짝이게 할 수 있거든. 물론 필기를 하다가도 이게 무슨 글씨인지 알아보지 못하게 개발새발로 써져 있는 노트를 확인할 때도 있을 텐데, 그럴 때는 잠깐 필기도구를 놓고 손바닥을 손톱으로 꾹꾹 눌러보자. 잠깐 허공을 바라보고 깊게 호흡해서 지루해진 뇌에 산소를 보내주는 것도 좋아. 갑자기 자극을 받아서 뇌가 '반짝!' 할 거야.

또 하나의 방법은 잠깐 다른 생각을 하는 거야. 어제 봤던 재미있는 TV 프로그램, 친구들과 방과 후에 놀 생각 등을 하면서 지루함을 다른 것으로 대체해보는 거야. 수업으로 돌아오면 다시 금방 지루해지고 재미없어질 수도 있겠지만, 그렇게 수업시간을 잘 버텨내고 쉬는 시간에는 잠깐이라도 쪽잠을 자도록 하자. 그래야 피로와 지루함을 이겨낼 수 있으니까.

하나 더, 재미있는 수업은 재미있게 참여하고 재미없는 수업에는 버티겠다는 각오를 단단히 해서 딱 하나의 좋은 의미와 지식을 익히면 어떨까?

공부 계획을 세워봐도 뜻대로 되지 않아요

저는 계획을 세우느라 시간을 많이 보내요.
하지만 계획만 세우고 잘 지키지 않아서 실망하기를 반복해요.

무리한 계획을 세웠나 보다. 계획은 내가 지킬 수 있는 만큼인지 가늠해야 해. '내가 얼마나 끈기 있게 실천하는 사람인가, 아닌가'를 잘 알아야 하는 거지. 계획표를 만들 때는 계획대로만 하면 뭐든 못할 것이 없는 것처럼 자신 있고 그걸 지켜냈을 때의 뿌듯함을 미리 맛보는 것처럼 짜릿하단다. 하지만 그걸 실행하려면 자기 자신을 좀 더 채찍질하면서 최선을 다하도록 독려하는 동기가 생겨야만 돼. 그렇지 않은 경우에는 대부분 실패하고 말아.

실패했을 때는 어떤 감정과 생각이 떠오르니? 혹시 '역시 나는 안 되는구나. 왜 이 모양일까' 하고 생각하니? 계획은 얼마든지 수정될 수 있지만 실행에 실패하는 자기 자신을 한심하게 여기다가는 자존감에 크게 상처를 받을 수도 있어.

공부 계획을 세울 때는 처음에는 너무 무리하지 않게 짜야 해. 그래야 '내가 이걸 이렇게 해냈네!'라는 성취감을 가질 수 있거든. 하지만 문제집 몇 장을 재빨리 풀어내고 내가 할 건 다 했으니까 마구 놀겠다는 방식은 피하는 게 좋아. 그건 공부를 했다기보다는 그날의 숙제를 한 것일 뿐이니까. 공부를 한다는 것은 오늘 내가 무언가를 열심히 배우고 익혀서 어제보다 조금 더 아는 지식이 많아지고 머릿속에 남아야 하는 거야.

이제 모모가 '무리하지 않으면 얼마든지 실행할 수 있구나! 역시 나는 해냈어!'라는 마음을 가지게 될 때쯤부터는 공부하는 양을 조금 많이, 딱 모모가 할 수 있는 만큼보다 2퍼센트씩만 늘려보자. 아주 조금씩 매일 실행량을 늘려가는 거지. 그렇게 3주 정도만 지속해 봐. 꼬박 2퍼센트씩을 늘렸으니까 처음보다는 훨씬 더 많은 양을 해낼 수 있을 거야. 또한, 계획도 꾸준히 지켰기 때문에 모모 스스로 '계획하면 실천하는 사람'으로 변해 있을 거야. 어렵지 않지? 딱 2퍼센트!

공부습관이
안 들어요

공부하는 데 습관을 들이면 좋겠다고 엄마가 항상 말씀하세요.
잘 안 되는데…….

　　하루 24시간 중에 모모는 어떤 반복적인 일상을 보내고 있을까?
아침에 쏟아지는 잠을 쫓으며 억지로 일어나서 학교 가기까지 뭉그
적대다가, 등교했다가 하교하고 잠깐 집에서 간식 챙겨 먹고 학원가
기 전까지 게임을 하거나 TV를 보거나 스마트폰으로 놀다가, 학원
수업 듣고 늦게 집에 와서 또 게임을 하거나 TV를 보거나 스마트폰
으로 잠들기 전까지 시간을 보내려나. 빠듯하게 돌아가는 학생의 스
케줄 속에서 모모만의 자유 시간을 어디에 쏟고 있는지 돌아보렴.

습관이란 경험과 학습을 통해 습득되어서 주기적으로 반복적인 행동을 하는 것을 의미해. 모모의 일상을 잘 들여다보면 어떤 습관이 몸에 굳어졌는지 알 수 있겠지. 엄마가 말하는 공부습관이란 모모가 즐겁게 공부하라는 의미일 거야. 그런데 모모는 공부보다 다른 것에 더 재미를 느끼는 거지. 그러니 공부를 시작할 때 뭉그적거리는 거야. '자, 정신 차려! 이제부터 공부 시작이야!'라며 몸과 마음을 움직이려다가도, '10분만 놀다가 하자', '30분만 게임하다가 하자', '1시간만 자고 일어나 공부하자'라고 변명을 하면서 스스로 공부를 방해하는 습관을 들여왔을 거야. 놀라운 것은 그게 너무 자연스럽게 계속되어 왔다는 거지. 습관은 그렇게 가랑비에 옷 젖듯이 익숙해져버리는 거란다.

밥은 매일 먹지? 밥 먹는 걸 거르면 어쩌지? 배가 고파서 다른 생각이 나지 않을 거야. 밥만 생각나고 '배고프다'라는 소리에 집중하게 될 거야. 그건 사람이기 때문에 기본적으로 가지고 있는 본능이자 욕구이기 때문이지. 하지만 양치하는 것은 어떨까? 양치질을 매일 하니? 식후 30분 이내에? 양치하지 않으면 입 냄새가 나서 다른 사람을 불쾌하게 하고, 스스로 입이 텁텁해서 불편해지고 자칫 양치질로 관리를 제대로 하지 않으면 이가 썩어서 나중에 고생하게 되잖아. 그런데 그렇게 다른 사람을 불편하게 한다거나 스스로 불편하거나 나중에 고생을 하게 될 것으로 생각되지 않으면 실행하는 게 쉽지 않을 거야. 밥을 먹고 양치하는 습관을 가지지 못한 모모들도 있을걸. 그래서 샘이 제안을 할게. 이렇게 생각해보자.

공부는 우리가 살면서 필요한 것이지. 기본 욕구는 아니란다. 때문에 당연히 해야 하는 것으로 생각이 잘 들지 않아. 하지만 공부를 하지 않는 매일이 쌓이면 나중에 고생하게 될 걸 상상해 봐. 가난하거나 불행하거나 모모가 원하는 삶을 살 수 없게 될지도 모른다고. 그런 뒤에 공부 계획을 적당히 세우고 매일매일 조금씩 실천하도록 해보자.

새로운 습관을 개발하는 방법

1단계. 결심을 한다!

항상 특정 방식으로 행동하겠다고 단단히 마음을 먹어보자.
　ex) 매일 아침 일찍 일어나 운동하겠다는 결심을 했다면, 그 시간에 자명종이 울리게
　　 하고 시계가 울리면 즉시 일어나 운동을 시작한다.

2단계. 예외를 인정하지 않는다!

새 습관의 형성기에 예외를 인정하지 않는다. 핑계를 만들지 말고 자기와의 약속을 저버
리지 말자.
　ex) 매일 아침 6시에 일어나기로 결심했다면, 절대 빼먹지 말고 습관이 될 때까지 연
　　 습을 반복한다.

3단계. 다른 사람에게 말한다!

습관을 기르는 중이라고 주변 사람들에게 말하자.
　ex) 예를 들어 "나 요즘 운동해. 그래서 그런가, 다이어트도 되고 건강해지는 것 같아"
　　 라고 말하고 다닌다.

4단계. 새로운 자신을 시각화한다!

새로운 습관을 익힌 자신의 모습을 더 자주 상상하자. 새 습관은 자주 시각화할수록 더
빨리 무의식 속으로 들어가고 자동적인 버릇이 된다.
　ex) '좀 더 건강해진 모습으로 활력 있게 일할 수 있을 거야!'라며 스스로 되뇌인다.

5단계. 자기 자신에게 외친다!

스스로 반복해서 자기 자신을 향해 주문을 외우자.
　ex) 자기 자신에게 "나는 매일 아침 6시에 일어나 운동을 할 거야"라고 말한다.

6단계. 굳은 결심으로 밀어붙인다!

결심한 일을 하지 않으면 불편함을 느낄 정도로, 새 습관이 쉬운 일이 될 때까지 계속 연습한다.

7단계. 자신을 위한 보상을 한다!

가장 중요한 일은 새 습관을 익히는 자신을 잘 대우하는 것이다. 스스로 보상을 할 때마다 행동을 재확인하고 강화하게 된다.

내가 만들고 싶은 새로운 습관

[   ]

1단계

2단계

3단계

4단계

5단계

6단계

7단계

시험이너무
두려워요

시험 공포증인가 봐요. 시험을 앞두고 공부를 열심히 했는데
시험 당일에 공부한 게 하나도 안 떠올라요. 배도 아프고,
시험을 망치면 어쩌나 불안해서 손이 덜덜 떨려요.

    실제로 아픈 건 아닌데 아프다고 하니까 주변에서 꾀병 아니냐고
하지? 심리학 용어로 신체화라고 하는데 실제로 몸이 아픈 통증이
있지 않아도 통증이 있는 것처럼 느껴질 때 그래. 순전히 심리적인
문제 때문에 생기는 거야.

    시험은 아마 모모를 평생 따라다닐 거야. 시험은 그간 얼마나 노
력했는지, 머릿속에 지식을 얼마나 담고 있는지, 단기에 암기를 잘하
는지 등을 평가하기 위해서 존재하는 수단인 거야. 그게 모모의 존재

까지 위협하게 되어서는 안 되는데 '시험을 잘 봐야 성적을 잘 받을 수 있고, 자칫 시험을 못 보면 무능한 사람으로 낙인찍힐 거야'라는 불안이 머리 아프게 하고 숨을 못 쉬게도 하고 심장이 조여 오는 느낌을 주기도 해. 정말 공부를 열심히 했으니 그만큼의 결실을 얻어야 하는데 그렇지 못할 때는 결과를 얻기도 전부터 절망적인 거야.

샘도 얼마 전에 자격증 시험을 봤어. 공부를 열심히 해야지 마음 먹었는데 잘하고 싶은 마음은 있었지만, 공부에 집중하는 절대적인 시간을 갖는 데 소홀한 채 요행만 바랐다가 보기 좋게 떨어졌단다. 샘도 시험은 두려워. 못 보면 또 얼마간 공부를 하기 위해 책상에 엉덩이 붙이고 앉아 머릿속에 글자들을 구겨 넣는 고통스러운 과정을 또 해야 한다고 생각하면 참 막막해. 그런데 시험에 실패했던 이유를 생각해보고 너무 불안해하거나 실수한 것은 아니었는지 되짚어서 고민해봤어. 그리고 똑같은 실수를 하지 않기 위해서 마음을 다스리면서 공부해 나갔지. 다음 시험에서는 '왠지 잘 될 것 같아. 공부한 데서 다 나올 것 같아'라는 긍정적인 생각을 많이 했어. 그랬더니 좋은 결과를 얻을 수 있었단다.

세상은 내 마음 먹기에 달려 있어. 물론 운도 많이 뒤따라야 하지. 하지만 운과 기회는 내가 어떤 준비가 되어 있느냐에 따라 다른 색깔과 다른 모양을 하고 따라온단다. 그러니 모모야, 시험을 앞두고 불안해하는 모모를 다독다독해주렴. '안 될 거야. 망치면 어쩌지'라는 생각이 머릿속을 채우려 할 때 '오늘은 잘 될 것 같아. 내 인생이 이

시험으로 끝나지 않아. 시험 끝나면 신나게 스트레스 풀러 가야지!'
생각하고, 깊은 호흡을 여러 번 반복하면서 그간 열심히 공부해온 모
모 스스로 기특하고 대견하다고 칭찬해줘. 그리고 좋은 성적을 받았
을 때 얼마나 뿌듯할지를 상상해 봐.

수행평가는
정말 짜증 나요

시험 공부하기에도 벅찬데 수행평가를
너무 자주 하니까 짜증 나요.

샘의 학창시절에는 수행평가라는 게 없었어. 그저 몇 개 과목에서 실기시험이라는 명목으로 음악시간에는 노래를 부르거나 악기를 다루는 것으로 점수를 받고, 체육시간에는 달리기, 멀리뛰기, 오래 매달리기 등을 해서 평가점수를 받았지. 그런데 요즘은 모든 과목에서 수행평가를 하지. 수행평가라는 것이 평상시 수업내용을 잘 이해하고 있는지를 평가하기 위해서 만들어진 것이야. 벼락치기로 공부한 내용을 시험 봐서 점수화하기보다 좀 더 다양한 평가 방식을 도입하기 위해서 만든 거잖아. 평소에 수업에 잘 참여하면서 중간 점검을 한다고 생각하면 사실 짜증이 날 만큼 귀찮은 평가과정은 아니라고 생각되는데, 수행평가마저도 따로 준비해야 한다고 생각해서 그런가 보다.

학교에서는 학생마다 특성이 다른데도 불구하고 성실하게 학생 본분을 다하느냐를 규격화하려고 하지. 미안하지만 샘도 평소에 성실히 노력하는 학생들이 예쁘다. 그런 학생들이 사회에서 억울한 일을 당한다고 생각하면 분하고 화가 나. 정직하고 성실하게 살아가고 싶은 샘의 가치관이니까 모모가 이해해줘. 다만 수행평가를 잘 받으려면 어떻게 해야 하는지 방법을 알려줄게.

수행평가는 귀찮은 과정일지 몰라도 그걸 하면서 모모가 얻을 수 있는 간접경험도 있을 거라고 생각해. 그러니까 조금 흥미를 가지고 한 번쯤 열심히 해보자. 그런 기록들이 쌓여서 모모의 학교생활기록부가 풍성하게 채워질 거야.

수행평가 잘 받는 법

1) 준비물은 잘 챙기자!

수행평가는 선생님 말씀에 귀 기울이고 준비성을 갖추고 있는지를 보려고 하는 것이다.

2) 적극적인 참여는 필수!

조별 활동은 발표하는 역할이 가장 돋보이지만 조별 활동에서 다른 역할도 필요하지. 수줍음이 많아 발표가 어렵다면 자료 조사하고 의견을 내는 데 보조 역할도 열심히 하자.

3) 보고서 작성은 깔끔하게!

열심히 활동한 내용에 대해서 성실하게 보고서를 쓰자. 그러면 과정과 결과가 돋보이게 될 거야.

4) 인터넷에서 베끼지는 말자!

요즘은 수행평가 과제를 인터넷 상에서 얼마든지 공유할 수가 있어. 돈까지 지불해가며 과제를 다운받아서 그대로 이름만 베껴서 내는 친구들이 얼마나 많겠니. 선생님은 그렇게 노력 없이 결과를 얻으려고 하는 사람들을 싫어할 거야. 모모의 정성이 필요해.

5) 마감기한은 꼭 지키자!

언제까지 제출하라는 기한이 있으면 꼭 기한보다 며칠 전에 완성하고 기한 내 제출하자. 늦게 제출하면 열심히 쓴 것이라 하더라도 약속을 지키지 않았다고 생각해서 점수가 낮게 나올 수 있거든.

공부를 열심히 하는데도
왜 성적이
안 오르죠?

공부 잘하는 친구들은
어떻게 공부하는지 궁금해요.

성공하는 사람들에게 성공의 비결을 물어보렴. 다들 저마다 달라. 공부 잘하는 친구들에게 '비결 좀 알려줘'라고 하면 저마다 다를 거야. 어떤 모모는 수업시간에 노트 정리를 잘해놓고 그것만 반복적으로 본다고 하고, 어떤 모모는 예습과 복습을 철저히 한다고 하고, 어떤 모모는 연습장에 빼곡하게 쓰고 외우면서 공부하고, 어떤 모모는 자기가 공부한 걸 다른 사람을 가르치듯이 점검한다고도 해. 또 마인드맵을 그려서 공부한 내용의 맥락을 이어서 흐름을 이해하면서 공부하는 모모도 있어. 평소 꾸준히 열심히 하는 모모도 있고 짧은 시간 동안 엄청난 집중력을 발휘해서 공부하는 모모도 있겠지.

공부에도 여러 가지 길이 있어서 '이 방법이 최고야!'라고 할 수 없는 거야. 꼴찌였다가 명문대를 갔다는 사람의 비결이라 하더라도 그게 모모에게 가장 좋은 방법일 수는 없거든. 1등인 친구의 공부법이 효율적이라고 판단이 되면 그 방법을 한번 써보자.

샘의 고등학교 시절 같은 반 친구가 전교 1등이었어. 그 친구의 공부법은 입으로 소리 내서 주문을 외듯이 웅얼거리면서 교과서가 찢어지도록 밑줄을 긋고 낙서를 하는 거였지. '나도 저렇게 하면 1등을 할 수 있을까' 싶어서 따라 해봤어. 주문을 외듯이 웅얼거리고 교과서에 밑줄을 그어가면서. 그런데 좀처럼 내 타입이 아닌 거야. 교과서에 밑줄 긋고 낙서를 해대니 두 번째, 세 번째 볼 때는 지저분해서 보기 싫어졌고 소리 내면서 읽으려니 목도 아프고. 아, 이건 정말 아니다!

샘의 공부 방법은 교과서를 읽으면서 전체 내용을 이해하고 참고서에 정리된 내용을 보면서 다시 한 번 정리하고 노트에 공부한 내용을 요약하고 그 내용을 연습장에 반복해서 써보고 머리로 쓴 내용을 떠올려보고 다시 쓰고를 반복했거든. 공부하다 졸리면 일어서서 하고 지루해지면 방 안을 이리저리 돌아다니기도 하고. 누가 "너는 어떻게 공부해?" 물어보면 "나는 교과서를 통째로 외워버려"라고 했어. 실제로 그랬고. 이건 샘이 터득한 방법일 뿐이야.

모모의 공부법이 틀렸다고 단정 지을 수는 없어. 이런 저런 시도를 해보고 가장 잘 맞는 법, 가장 효과적이면서 잘할 수 있겠다 싶은 방법을 찾아서 모모의 것으로 만들어야 해. 모모의 수준에 맞는 공부를 하는 거야. 읽으면서 해보고 쓰면서 해보고 말하면서 해보고.

공부는 반복해야 한다!

최초로 인간의 기억능력을 과학적으로 연구한 학자가 있어. 헤르만 에빙하우스라는 사람이야. 인간은 공부를 하면 20분만 지나도 절반 정도 잊어버린대. 한 달쯤 지나면 무슨 공부를 했는지 잘 기억도 나지 않아. 그래서 반복학습을 해야만 오래오래 기억이 유지될 수 있다는 거야. 일정한 기간을 두고 계속 반복해서 보게 되면 아주 오랫동안 기억이 유지되어서 모모의 진짜 실력이 된다는데 어때? 교과서 한 번 훑어보고 공부 다했다고 덮어버린 뒤에 시험을 보면 새하얗게 기억이 나지 않는 이유, 알겠지?

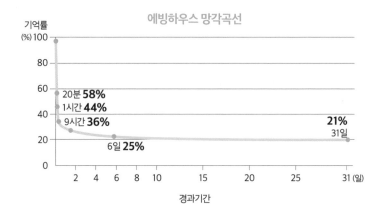

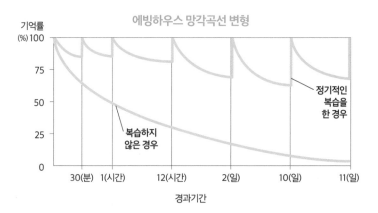

공부하려고
책상에 앉기까지
시간이 오래 걸려요

공부를 해야 하는데 하기 싫어서 그런지
시작하는 게 힘들어요.

어? 샘하고 똑같네! 샘도 어떤 일을 시작하려면 마음이 동하는 데
시간이 꽤 많이 걸리는 편인데. 머리로는 '해야지, 해야지' 하지만 좀
처럼 몸이 안 따라주는 걸 어떻게 해. 그래서 꼭 지나고 나서 후회하
잖아. 에이, 좀 빨리 시작했으면 촉박해서 조바심 내지 않을 텐데! 그
래서 특단의 조치가 필요했어. 어떻게 하면 머리로 계획하고 행동으
로 옮겨서 마음으로 정성을 다할 수 있을까 고민해봤지. 일단, 책상
앞에 앉는 것부터 시작해야 해.

▶ 1단계 : '빨리 마음잡지 않으면 나는 또 후회하겠지?' 속상해하는 모습을 상상해 봐!

이미 여러 번 겪어봤잖아. 공부를 하기 위해서는 요령도 필요하겠지만 공부하는 데 집중하는 절대적인 시간이 필요해. 그런데 미적거려서 공부시간이 줄어들면 진작하지 못한 걸 후회하니까.

▶ 2단계 : '내가 시작할 공부는 생각보다 재미있을 거야!' 흥미로운 과목부터 시작해!

지루하고 재미없을 거라 상상하면 더 하기 싫어져. 그러니 처음에는 제일 진도도 빨리 나가고 내용도 재미있을 만한 과목부터 시작하는 거지.

▶ 3단계 : 공부하기 직전 1분 명상을 해 봐!

눈을 감고 공부가 잘 되서 신이 난 모습도 상상해보고 성적이 올라서 부모님이 기뻐하는 상상도 해보자. 그 다음 편안한 마음으로 머릿속을 깨끗하게 비우면 공부할 준비가 된 거야.

▶ 4단계 : 공부를 방해할 도구들을 치우자!

우리 주변에 유혹 요소가 너무 많잖아. TV, 스마트폰, 컴퓨터 등등. 잠깐 밀어놓으면 딱히 할 게 없어서 책이라도 읽게 될 거야. 단, 드러눕지는 말 것!

벼락치기가
일상이에요

하루에 공부 몇 시간 하느냐고 묻지 마세요,
저는 시험 때만 공부하니까,

4당5락, 4시간 자면 합격하고 5시간 자면 실패한다는 말도 안 되는 말. 공부 잘하는 아이들은 6시간 이상 충분히 잤다고 하는데 믿을 수가 없어. 하루에 몇 시간씩 꾸준히 했다는 말도 믿어지지 않아. 또 모르지. 정말 각성제까지 먹어가며 공부할지.

샘이 말했지? 공부를 하는 데에는 절대적인 시간이 필요하다고. 요령도 있어야겠지만 은근과 끈기의 정신으로 어느 정도의 시간 동안은 책상 앞에 붙어 있어야만 해. 물론, 평소에 공부하지 않고 시험 기간에만 벼락치기해도 괜찮아. 벼락치기로 반짝 공부해도 성적은

쨰 나올 수 있으니까. 공부의 목적이 당장의 시험만 잘 보는 거라면 그런 방법으로도 충분히 효과를 볼 수 있지.

시험 2~3주 전부터 과목별로 어떤 공부를 할 것인지 대략 계획을 세워놓고 시험 전 1주일, 혹은 3일 전부터 바짝 암기과목은 달달 외워보는 거야. 교과서, 노트 필기 중심으로 머릿속에 여러 번 반복해서 집어넣으면 성적을 상위권으로 유지할 수 있어.

만약에 특수목적 고등학교나 자율형 사립고등학교에 입학하기를 희망한다면 그런 방식으로는 조금 어려울 거야. 공부의 목적과 방향에 따라서 공부방식도 달라져야 한다는 말이지. 벼락치기는 짧은 기간 동안에 고도의 집중력을 발휘하지만, 단기기억으로 지식과 정보를 익혀서 짧은 시간 내에 잊어버릴 가능성이 높아. 그래서 시험을 보고 나면 머릿속에 지우개가 있는 것처럼 싹 지워지는 거야. 진짜 공부내공을 쌓았다고 보기는 어렵지.

좀 귀찮을 수 있겠지만, 평소에는 공부를 하는 듯 안 하는 듯해도, 공부내공을 쌓아보도록 해. 책도 읽고 신문도 보고 EBS 교육방송도 보고 말이야. 그러면 갑자기 벼락치기로 공부하겠다는 공부모드로 돌입할 때 힘들지 않을 거야.

어떤 학원을
가야 하나요?

요즘은 학교가 끝나면 친구들이 다 학원을 가니까요,
기왕 학원을 갈 바에야 좋은 학원에 가서 성적 올리는 데
도움을 받고 싶어요,

　큰 학원, 공부 잘하는 애들이 가는 학원, 서울대 많이 입학시킨 학원이 좋은 학원은 아니란다. 샘도 학원을 다녔어. 한 달에 몇 십 만원 하는 학원이었지. 원래 혼자 공부하는 타입이었는데 엄마가 학원에서 배우면 지금보다 성적을 더 올릴 수 있을 거라고 권하셨어. 그래서 학교에서도 집에서도 먼 학원을 학원버스를 타고 다니면서, 평일 내내, 그리고 시험기간에는 토요일까지 나가서 공부해야 했어. 학원을 어떤 기준으로 선택했냐면 공부 잘하는 학생들이 많이 다닌다고

소문이 난 곳, 학원 전단지에 '성적이 오를 때까지 책임집니다!' 이런 문구가 적혀 있는 학원이었어.

다행히 학원 강사샘들은 실력이 있었고 학원생들과 친밀도를 쌓으면서 굉장히 열심히 가르쳐주셨지. 중요한 건 샘이 학원에서 공부하는 타입이 아니었다는 거야. 학원을 왔다 갔다 하는 시간, 학원 수업 후에 내준 숙제를 잠들기 직전까지 하는 것이 영 샘 스타일이 아니었던 거지. 그래서 한 두어 달 다녔나? "엄마, 학원은 괜찮은데 내가 학원에서 추가로 수업을 더 듣는다고 내 성적이 오를 것 같지 않아"라고 얘기했어. 그 이후에 종합 학원은 절대 가지 않았어. 그저 샘이 부족하다고 여겨지는 과목에 대해서만 방학 때 잠깐씩 단과학원을 다녔어.

'모모, 너도 그렇게 해'라고 강요하는 것이 아니라 일단 학원을 가든 과외를 하든, 먼저 점검해야 하는 것은 네가 학원에 가야만 하는 이유와 목적을 생각해봐야 한다는 거야. 사실 학원의 시스템이라는 게 시험방식을 연구해서 점수를 잘 받기 위해 쉽게 암기하는 법을 가르친다던가, 혼자 공부하지 않는 모모들의 절대적인 공부시간을 늘려주기 위한 수단이거든. 때문에 모모가 스스로 어떤 타입인지를 생각해봐야 해. 자기 자신을 잘 알아야 선택과 결정을 할 때 현명한 답을 구할 수 있거든. 질문이 '어떤 학원을 다녀야 하느냐'였으니 답해줄게. 혼자 공부하기 어려운 경우라는 것을 가정할 거야.

좋은 학원을 고르는 법

1) 공부 잘하는 친구들이 많다고 광고하는 학원이 좋은 학원은 아니다!

자기 수준에 맞는 공부를 할 수 있도록 도와주는 학원이 좋은 학원이야.

2) 좋은 대학을 많이 보냈다는 학원이 좋은 학원이 아니다!

어떤 수준에서 어느 정도 수준까지 성적을 올릴 수 있도록 도와주었는지를 알아야 해.
학원 원장님과 상담해보고 진솔하게 이야기하는지를 들어보자.

3) 학원 강사의 이력을 과장하는 학원은 좋은 학원이 아니다!

명문대를 나왔다고 좋은 강사는 아니다. 명문대를 나오고 이력은 화려하지만 귀에 쏙쏙
들어오는 강의를 못할 수도 있거든. 이럴 때는 미리 청강을 해보는 것이 좋아. 선생님과
잘 맞으면 아마 학원수업을 좋아하게 될 거고, 공부도 하게 될 거니까.

4) 장사만 하려는 학원은 피하자!

학원은 학교와 다른 목적을 가지고 있어. '학생들이 시험을 잘 보게 하기', '성적을 올려주
기', '원생들이 입소문을 내서 규모를 더 키우기' 등으로 말이야. 학원 근처에 가보렴. 좀비
처럼 생기 없이 공부하는 원생들, 무뚝뚝한 데스크 직원, 말만 유창한 원장선생님의 태
도, 아마 그런 분위기는 딱 장사하겠다는 학원의 모습일 거야.

피해야 하는 학원을 알려줬으니 그렇지 않은 학원을 찾아보렴. 그런 학원에 다녀야 모모
가 성적을 올리는 데 도움이 될 거야.

게임 생각 때문에
공부는 항상
뒷전이에요

STORY 42

원래 게임을 안 좋아했는데 친구가 권해서 하게 됐거든요,
저도 모르게 게임을 하고 있고 수업시간에도 게임장면이 아른거려요,

이 글을 쓰기 전, 샘도 스마트폰 게임을 다운받아서 꼬박 반나절
을 해봤어. 처음에는 호기심으로 시작했는데 게임 안에 스토리가 있
고 미션을 수행하다 보니 레벨이 오르고 다음 레벨이 궁금해서 하게
되더라. 순식간에 몇 시간이 흘러가던걸.

모모가 게임을 끊지 못하는 이유가 뭔지 알아? 공부를 하면 결과
가 바로 나오지 않는데 게임을 하면 노력한 만큼 결과가 바로바로 보
여서 레벨이 올라가고 아이템이 주어지기 때문이야. 더불어서 친구
들과 게임 속에서 소통할 수 있으니 게임은 정말 재미있지.

공부를 시작했을 때 시험 범위가 주어지고 하루 동안 어디서부터 어디까지 해야 할지, 공부를 몇 시간씩 해야 할지 감을 잡기가 어려우니 당연히 답답함이 몰려오고 의욕을 잃어버리기 마련이야. 만약 게임개발자가 게임을 너무 어렵고 복잡하게만 만든다면, 그 게임을 하려는 사람은 별로 없겠지. 그래서 처음에는 쉽게 시작해서 흥미로운 미션들을 가득 줄 세우기 해놓고 계속하게끔 만드는 거야. 만약 미션에 실패하면 계속 도전하게 돼서 결국 판을 깨고 레벨이 올라가게 되잖아. 점점 고수가 되어서 절대최강이 되는 거야. 물론 게임 속에서.

공부도 하다보면 내공이 쌓이게 된단다. 왜 무림의 고수들이 무술 실력을 키우기 위해 오래 단련을 하다보면 상대의 어떤 공격을 자동적으로 방어하는 공력을 선보일 수 있잖아. 그런 실력은 게임 속에서만 키울 수 있는 게 아닌 거야.

가끔 부모님이 그런 말씀도 하시지? "게임 백날 해봤자, 돈이 나오니? 쌀이 나오니?" 그러면 모모는 이렇게 대답하면서 합리화하지 않을까. "열심히 해서 만렙이 되면 아이템을 만들어서 팔 수 있으니 그거 돈 돼요!" 아마 그 말을 들으면 어른들은 황당하다고 하겠지? 샘도 게임 좀 해봐서 잘 알아. 이해해.

그런데 모모야, 게임을 하면서 화가 날 때도 있지? 마음대로 게임이 잘 안 풀릴 때, 게임해서 돈이 나오게 하기까지 어마어마한 시간을 들여야 하잖아. 그런 거라면 좀 더 멀리 내다보아도 괜찮을 것 같

아. 만약 내가 이 시간에 공부를 한다면 공부 내공이 쌓여서 더 많은 돈을 벌 수 있고 더 많은 기회를 얻을 수 있고 더 즐겁고 유쾌한 경험을 할 수 있다고. 게임의 노예가 되기보다 네 인생의 주인이 되는 걸 택해보면 어떨까?

게임을 열심히 해서 프로게이머가 되겠다든가, 게임전문 BJ가 되겠다든가, 게임을 만드는 게임개발자가 되겠다는 확실한 목표가 있지 않다면 게임은 스트레스를 푸는 도구로만 활용하자고. 모모의 소중한 10대에 '게임만 열심히 했어요'라고 한다면 조금 아쉬울걸. 부디 모모가 게임중독은 아니기를.

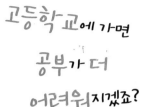
고등학교에 가면
공부가 더
어려워지겠죠?

STORY 43

중3이에요.
저는 아직 중학생인데 벌써 입시 때문에 겁이 나요.

중학교 때까지도 항상 상위권을 유지하던 모모가 고등학교 입학 후 첫 시험에 대비해서 열심히 공부했는데 예상치 못하게 성적이 떨어졌대. 뭐가 문제지? 중학교와 고등학교에서의 수업이 완전히 달라진데다가 똑같은 공부 방법으로는 더 이상 통하지 않기 때문이지. 중학교 때는 학원에서 시험범위에 맞춰 예상문제를 풀어보고 진도에 맞춰 따라가면 되었지만, 고등학교 때는 기초 개념부터 다져놓지 않으면 수업이 진행될수록 수업 내용이 이해가 되지 않게 돼. 그래서 고등학교 때 공부를 완전히 포기하는 모모들이 많아지더라.

수업시간도 45분에서 50분으로 늘어나고 배우는 과목도 늘어나니까 부담은 더 늘 거야. 조금씩 공부가 어려워지는 건 점차 적응해 나가면 돼. 계속 쉬운 과정만 배우겠다면 한 학년씩 올라갈 이유가 없어져버리잖아.

학원이나 과외에 의존하는 방식에서 벗어나 '자기주도학습'을 강조하는 이유는 결국 공부란 것이 자기 스스로 해내야 하는 영역이기 때문이야. 내가 잘 모르는 부분을 쉽게 이해하기 위한 방법으로 학원이나 인터넷 강의, 과외 등에 기대어볼 수 있지만 시간관리를 잘해야해. 그래야 학교 수업 때 졸지 않고 미래를 준비하기 위한 공부기초를 닦을 수 있거든.

12층 아파트를 걸어 오르는 여정

우리가 학년이 오르는 과정은 엘리베이터가 없는 12층 아파트를 걸어 올라가는 것과 비슷해. 우리나라 학생이라면 의무적으로 초등학교, 중학교 교육을 받아야 하잖아. 9층까지 계단을 오르는 거야. 1층, 2층, 3층까지는 괜찮을 거야. 4층부터는 조금씩 속도 차이가 날 거야. 누구는 단박에 빠르게 오를 거고 누구는 한 계단 오르는데도 신중하고 천천히 오르려고 할 거야. 9층까지 잘 올라갔다고 쳐보자. 10층부터는 점점 더 큰 격차가 벌어지겠지. 다리가 후들후들, 심장은 방망이질, 기력이 없어서 한참을 쉬고 싶어질지도 몰라.

하지만 느려도 꾸준히, 체력을 잘 조절하면서 오르면 돼. 평소 운동신경이 좋았다거나 근력을 키워놓았다면 단번에 몇 계단씩 뛰어오를 수 있을 걸? 12층까지 힘들고 고되게 오르고 나면 뭐가 있을까? 더 높이 더 멀리 내다볼 수 있는, 탁 트인 풍경이 기다리고 있기를 기대해.

모모는 지금 몇 층에 있니?

일반계 고등학교와
특성화 고등학교,
어디를 선택해야 하죠?

일반고 갔다가 내신 관리 못하면 대학도 못 간대요.
공부를 잘 못하니까 특성화고 가서 대기업 취업하는 게
어떠냐고 주변에서 권하는데,,,,

샘의 중학교 3학년 때 담임선생님이 첫날 하신 말씀이 아직도 기억나.

"많은 사람들이 고3 때 어떤 대학을 가느냐로 인생이 갈린다고 하는데. 천만에. 중3 때 어떤 고등학교를 가느냐, 얼마나 기초를 잘 닦아놨느냐에 따라서 인생이 갈린다."

그 말은 진짜였어. 만약 샘이 특목고에 입학했다면 어땠을까. 과학도가 되었거나 외국어를 마스터해서 글로벌한 인재로 뻗어나갔을까? 예술고에 진학했다면 예술적 역량을 발휘하여 공모전에서 수시로 입상하거나 작품 전시회를 하고 있을까? 자율형 사립고(당시에는 없었지만)에 갔다면 똑똑한 친구들과 우수한 실력의 선생님들 사이에서 지식의 깊이를 논할 수 있었을까? 상업계열 특성화고에 갔다면 회계나 금융지식을 일찍 익혀서 자격증으로 무장하고 기업체에 입사해서 돈을 많이 벌고 있을까? 공업계열이나 IT계열 특성화고에 갔다면 또 다른 모습이었겠지?

대학에 입학하기 위해 일정 수준의 우수한 실력을 갖추었으면 특목고나 자율형 사립고를 택해야 한다던가, 내신을 잘 받으려고 특성화고등학교를 택해야 한다던가, 그런 단편적인 선택을 하지 않기를 바란다.

샘이 고등학교를 진학할 때는 정보를 얻을 수 있는 경로가 적어서 '공부 좀 하는데 외고에 가지 그러니', '외고 아니면 가까운 인문계 고등학교에 가서 공부를 열심히 해'라는 등의 단편적인 이야기로 진로를 택해야 했어. (진로정보가 절대적으로 부족해 단편적인 진로 선택을 했기 때문에 지금 진로의 중요성을 설파하고 다니지만.) 모모가 어떤 분야를 더 희망하고 진로에 대한 확신을 가지고 있느냐에 따라, 어떤 고등학교를 가는게 더 좋은 길인지 제안해줄 수 있겠어. 각각 학교마다 어떤 목적을 가지고 있고, 어떤 특성을 가지고 있는지를 좀 더 알아보도록 하자.

특목고등학교와 특성화고등학교

· 외국어고 : 영어와 제2외국어에 재능이 있는 학생을 선발해 외국어 특기자를 양성하는 것이 목적인 학교로, 일반 고등학교보다 외국어 과목 이수시간이 많다. 외고 입학을 위해서는 영어 공부에 집중해 상당한 수준의 영어 실력을 갖추는 것을 권장한다. 학교에서 요구하는 바에 따라 자기주도학습 전형을 준비해야 한다. 한편 국제고의 경우, 국제 전문 인재양성을 목표로 하는 만큼 '국제관계 속에서 어떤 역량을 발휘할 수 있겠는가'에 대한 생각을 지원동기로 피력해야 한다.

· 자율형 사립고 : 학생 스스로 공부하고 행동하는 것이 원칙이며 입학사정관제도를 통해 신입생을 선발한다. 외국어고나 과학고와 달리 전 과목에 대한 내신 성적을 반영하여 선발하기 때문에 일찍부터 철저하게 성적을 관리해야 한다.

· 과학고 : 과학영재를 조기에 발굴하여 키우기 위한 학교로, 공통 교과목을 배우지만 수학과 과학과목에 대하여 심도 있는 수업이 이루어진다. 수업 중에 연구와 실험을 자유롭게 할 수 있으며 학생들이 자기주도학습을 통해 밤늦도록 공부하는 것이 일상이다. 실험과 연구한 내용을 바탕에 두고 논문으로 발표하기도 하고, 조기 졸업하여 KAIST에 입학하거나 우수한 대학진학 혹은 해외 유학 등을 선택한다.

· 예술고 : 예술적 재능이 있는 인재 양성을 목적으로 한다. 전공과정에 따라 무용, 미술, 음악 등으로 분류되며 실기수업이 큰 비중을 차지한다.

· 특성화고 : 예전에 실업계 고등학교라 하여 특정 직업군으로 실무를 익혀 빨리 사회에 진출하도록 장려하였으나, 한동안 다양한 입시 제도를 통해 공부를 잘하지 못해도 내신관리를 조금만 하면 대학을 쉽게 갈 수 있다는 판단 때문에 많이 입학하였다. 하지만 최근 선취업 후진학 제도가 활성화되고 졸업 후 대기업/공기업으로의 진출이 많아져 학생들 사이에서도 호의적이다. 물론 내신 성적을 잘 관리하고 고입 후 자기관리를 잘 해낸 경우에 해당된다.

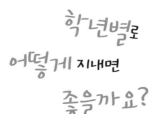

학년별로
어떻게 지내면
좋을까요?

중학교 1학년인데요, 학교생활을 잘하고 싶어요,
어떻게 적응할지 걱정도 좀 되고요,

중학교 1학년이 되면 갑자기 공부를 더 많이 해야 하니까 부담도
더 생기고, 규칙도 엄해져서 조금은 어리둥절할 거야. 초등학교 때야
담임선생님이 모든 수업을 진행했다지만 중학교 때는 과목별로 선
생님이 달라지는 것도 신기할 테고. 첫 중간고사가 중학교 3년을 좌
우한다고 겁을 주기도 하는데, 아예 틀린 말은 아니야. 그런데 무엇
보다도 중요한 건 중학교 생활에 잘 적응하는 거야. 좋은 친구를 사
귀고, 자유학기제를 활용해서 진로에 대해 충분히 탐색해봐야 하는
것도 필요하겠지.

중학교 2학년은 이제 점점 수업이 어려워질 거야. 갑자기 수학도 영어도 어려워져서 수포자(수학 포기한 사람), 영포자(영어 포기한 사람)가 탄생하겠지. 공부할 과목은 왜 또 이리 많은지. 중2병이라는 말이 있을 정도로 극심한 사춘기를 앓는 모모들이 많아질 거야. 물론 아닐 수도 있고. 심리적인 어려움이 폭풍처럼 몰려오겠지만 폭풍은 지나가게 되어 있지. 그러니까 근본적인 모모다움을 찾아가기 위해서 인생에 대한 고민을 심각하게 해보는 것도 나쁘지 않아.

중학교 3학년은 고등학교 진학을 앞두고 있어서 첫 번째로 진로와 관련하여 중대한 결정을 해야 하는 시기야. '공부, 공부' 하고 싶지 않지만, 모모가 학습모드를 완전히 꺼놓고 있지 않아야 고등학교 입학해서 더 많은 공부량을 견딜 수 있게 돼. 그러니까 "2학년 때까지 내내 놀았는데 어쩌죠?"라며 걱정하며 시간을 보낼 바에는 3학년 때라도 공부랑 친해지도록 해. 진로와 관련된 첫 결정을 해야 하는 만큼 신중해야 하고 많은 정보를 고려해서 진로의 방향을 잡아가자.

대학의 종류를
알려주세요

부모님은 제가 당연히 대학을 가야 한다고 생각하세요.
저는 사실 대학에 대해 잘 모르겠어요.
대학도 여러 종류가 있다던데요?

　대학에 진학한다고 그러면 대부분은 4년제 일반대학교를 떠올리지. 특정 전공을 선택해서 교양과목과 전공과목 수업을 이수하여 4년 동안 졸업을 위한 학점을 이수하는 거야. 특정 기준에 따라 대학에도 서열이 있어서 명문대학과 그렇지 않은 대학으로 구분하기도 해. 하지만 대학별로 특정 전공에 대한 지원이 이루어진다면 대학의 서열보다 전공과 교수님을 보고 대학을 선택하는 것이 좋아.

　한국방송통신대학교도 있어. 대학교육을 원하지만 여의치 않은 사람들이 직업생활을 하면서도 대학교육을 받는 거지. TV나 인터넷 방송을 통해서 수업을 듣거나 인근 캠퍼스에서 출석수업을 들으면서 학사학위를 얻는 거야. 온라인 과정만으로 학위를 취득하는 경우도 있어. 그런 대학을 사이버대학이라고 불러. 모든 과정 운영이 온라인으로 진행되어 편리하게 공부하고 학위를 취득할 수 있어. 한국방송통신대학이나 사이버대학은 학비가 저렴하다는 장점이 있지만, 캠퍼스의 낭만을 즐길 수 없다는 아쉬움이 있을 거야.

전문대학은 2년제와 3년제로 나뉘어. 관련분야에 대해 보다 많은 지식이 요구되는 경우 전문성을 키우기 위해 전문대학 안에서도 3년제 학과가 생긴 거지. 그래서 전문대학이 모두 2년제라고 볼 수는 없어. 더구나 2008년부터는 전공심화과정을 이수하는 경우에 학사학위도 취득할 수 있게 되었거든. 전문대학은 산업사회에 요구되는 전문적인 직업교육을 실시할 목적으로 설립되었단다. 평생직업, 평생교육 시대이다 보니 오히려 4년제 대학을 졸업하고 나서도 전문대학에 입학하여 자신만의 기술력을 갖추려고 하는 사람도 늘고 있어.

한국폴리텍대학이라는 곳도 있는데 교육부에서 허가한 전문대학과 달리 고용노동부가 허가한 특수대학이야. 대표적인 직업교육대학이라고 할 수 있지. 기술 중심의 실무 능력을 갖춘 전문가를 양성하는 것이 목적이니까 대학교육이 직업훈련의 과정이라고 이해하면 좋겠다.

이처럼 대학의 종류도 다양해서 아마 모모가 어떤 진로를 택하느냐에 따라서 대학을 달리 선택할 수 있을 거야. 물론 성적도 감안해야겠지. 한 가지 기억해야 하는 것은 모모가 어떤 과정이라도 선택할 수 있으나 그 선택을 하고 그 길을 걸어가는 것이 모모의 삶에 어떤 영향을 미칠지 미리 생각해보는 게 필요해.

대학을 다니지 않아도
대학 졸업장을
딸 수 있어요?

어떤 사람이 집안 사정이 안 좋아서
대학을 못 갔다는데 졸업장은 받았대요.

개인 사정이 있어서 대학을 다니지 못하는 사람도 있겠지. 그래서 독학학위제도가 마련되었어. 국가평생교육진흥원이라는 곳에서 고등학교 졸업 혹은 그에 동등한 자격을 갖춘 사람인 경우에 응시할 수 있어. 일하면서 스스로 공부하여 학위를 취득하면 그만큼 시간과 비용도 줄일 수 있겠지.

원하는 전공을 택하여 교양과정인증시험, 전공기초과정인증시험, 전공심화과정인증시험, 학위취득종합시험 등 4단계 시험을 치러서 합격하면 학사학위를 얻을 수 있는 거야. 전공분야는 국어국문학, 영어영문학, 심리학, 경영학, 법학, 행정학, 유아교육학, 가정학, 컴퓨터과학, 정보통신학, 간호학 등 전공이 개설되어 있어. 관심 있는 전공에 맞는 과목을 공부하고 시험을 치르면 된다 하여 학위를 취득하는 쉬운 방법이라 생각할지 모르지만, 생각보다 시험이 어렵고 혼자서 공부하면서 외로운 싸움을 해야 하기에 아주 쉬운 방법만은 아닐 거야. 그래도 앞서 말했듯 시간과 비용을 절약할 수 있는 방법으로는 유용하다고 봐. 학점은행제로 온라인 수업을 연계해서 준비할 수도 있으니까.

세상은 정보가 지배한단다. 보편적으로 알려진 방법을 취할 수도 있겠지만 숨은 제도와 방법을 활용하면 정말 자신한테 꼭 필요한 과정을 통해 자신만의 진로를 열어갈 수 있다고 생각해. 만약 모모가 관심이 있다면 국가평생교육진흥원 웹사이트(www.nile.or.kr)에 방문해보도록 하자.

성적이 안 좋지만
좋은 대학은 가고 싶어요

저희 형은 명문대에 다녀요,
저는 형과 좀 달라서 공부를 잘 못해요,
형이 대학 다니는 거 보면 부러워요,
저도 형처럼 좋은 대학에 가고 싶어요,

샘이 대학교 3학년 때인가. 학교 안에서 고등학교 때 같은 반이었던 친구를 만났어. 분명 샘이 다니던 학교가 아닌, 다른 학교에 갔다는 소식을 들었었는데 어쩐 일인가 싶어 물어봤더니 편입을 했대. 수능성적이 좋지 않아서 지방대학에서 2년을 다니고 편입 준비를 해서 결국 샘과 같은 학교에 다니게 됐다는 거야. 수능시험과는 또 다른 편입시험을 치러야만 했는데 꽤 열심히 노력한 모양이야.

편입학은 일반편입과 학사편입이 있는데 일반편입은 4년제 대학에서 2학년까지 다녔거나 2~3년제 전문대를 졸업하고 4년제 대학의 3학년으로 들어가는 것이고, 학사편입은 4년제 대학을 이미 졸업했거나 학사학위를 가지고 있는 상태에서 다른 대학의 3학년으로 들어가는 거야.

편입시험은 학교마다 차이가 있지. 그래서 목표로 하는 대학이 있는데 좀처럼 성적이 오르지 않거나, 대학입학시험에 운이 따르지 않아 좋은 점수를 받지 못했을 때 선택할 수 있는 차선책이야. 꼭 대학입학을 위해 재수를 해야 하는 건 아닌 거야.

고등학교 때 배운 여러 과목을 섭렵하여 시험을 치르는 것과 달리, 영어공부와 편입을 위한 몇 개 과목을 집중적으로 공부해서 또 다른 기회를 만난다는 건 매력적인 것 같아. 물론 대학생활을 충분히 즐기지 못하고 시험 준비를 지속해야 한다는 점은 단점이겠지만.

특기자 전형으로 특별하게

모든 과목에서 우수한 것보다 특정 분야에 특기를 개발하면 대학을 갈 수 있지. 특기자 전형을 통해서 말이야. 어려서부터 교내외 대회 등에서 특별한 재능을 보이면 가능성이 있어. 문학이나 미술, 무용, 체육, 외국어뿐만 아니라 수학, 과학, 발명 등에 재능을 보인다면 요즘처럼 차별화된 인재를 찾는 시대에 딱 적합하겠지. 어마어마한 돈을 들여서 사교육을 통해 재능을 개발하기도 하겠지만, 그것보다 어려서부터 남다른 특기라고 여겨지는 데에 푹 빠져서 실력을 증명해 보이면 어떨까?

• 소프트웨어 특기자 전형

14개의 소프트웨어 중심대학(가천대, 경북대, 고려대, 국민대, 동국대, 부산대, 서강대, 서울여대, 성균관대, 세종대, 아주대, 충남대, 한양대, KAIST)에서 2018학년도부터 소프트웨어 특기자 전형을 시작한대. 4차 산업혁명의 시대가 온다는데 거기에 대비해서 소프트웨어 전문가가 우리나라에 많았으면 해서 소프트웨어 중심대학을 선정하고 소프트웨어 분야에 재능 있는 학생을 선발하겠다는 거야. 컴퓨터를 좋아하고 수학과 과학 과목에 흥미를 가지고 있는 모모라면 관심을 가지고 미리 준비해보는 건 어떨까?

大学 가지 않아도
성공할 수 있지 않나요?

왜 꼭 다들 대학, 대학 하는지 모르겠어요.
대학을 가야만 성공한다는 보장을 누가 해요?

커리어넷이나 워크넷에 직업정보를 찾아보면 대학 졸업장이 없어도 충분히 해낼 수 있는 직업분야가 있어. 더구나 고등학교만 졸업해도 채용하겠다고 하는 채용공고도 많이 있단다. 하지만 기업에선 대학졸업을 하면 고등교육을 받았으니 훨씬 더 많은 일을 잘해낼 거라고 가정하게 되고, 우수한 성과를 낼 거라고 믿게 돼. 한편, 구직자 입장에선 비싼 등록금을 내고 대학을 다녔으니 시간과 노력, 비용을 투자한 만큼 더 좋은 일자리에서 더 많은 수입을 벌어들이려는 목표를 갖게 돼. 그래서 너도나도 대학을 나와 취업을 하려고 하니 정작 취업이 어렵다고도 해. 돈도 많이 주고 환경이 좋은 회사의 일자리는 제한적이니 말이야.

대학에 가지 않아도 자신만의 일을 찾아내는 사람이 있기는 해. 그러려면 자신만의 일을 뚜렷이 목표삼아 무엇을 준비해야 할지 정하고 일찍부터 노력해야 할 거야. 특성화고등학교를 졸업하고 일찍이 공기업이나 대기업으로 취업해서 돈을 벌기 시작하고, 원할 때 대학 공부를 하겠다는 목표를 갖는 모모들도 많거든. 만약 그런 자세와 마음가짐, 목표가 없다면 조금 더 다양한 경험을 쌓는 안전장치로 대학을 선택할 수 있는 거야.

모모가 잘 알고 있는 스티브 잡스, 마크 주커버그, 빌 게이츠는 모두 대학을 중퇴했단다. 대학을 다니는 것이 자신이 원하는 꿈을 이루는 데 그다지 필요하지 않다고 판단했기 때문이야. 그들처럼 독보적이고 뚜렷한 목표와 재능이 있다고 한다면 샘은 당연히 모모를 응원할 거야. 하지만 막연히 공부가 싫어서 '대학 따위 필요 없어요'라는 논리라면 샘은 반대!

최범석 패션 디자이너

어릴 적 집안이 어려워 고등학교 진학 후 1주일 만에 자퇴하고 생계에 뛰어들어야 했던 최범석은 옷에 대한 감각이 뛰어나서 아르바이트를 해서 번 돈으로 옷을 사 입기 시작했대. 하루 종일 아르바이트를 하는데도 옷이 좋아서 틈틈이 책방에서 세계의 옷을 찾아보고 스크랩도 하고 열성이었지. 타고난 감각이 있었으니 노점상에서 옷을 팔다가 동대문 패션시장에 입성해서 직접 옷을 만들어 팔기 시작했고, 학력과 출신으로 인한 설움에도 불구하고 자신만의 패션 브랜드로 유명 디자이너가 되었어.

그는 뉴욕 컬렉션에 한국인 최초로 진출하고 세계적인 디자이너로 우뚝 섰지. 세계 최고가 되어서도 패션 스케치를 하루에 10장 이상 한다는 그는 경력과 학력으로 무장한 이들의 차가운 시선을 견뎌냈겠지. 좋아하는 일을 하며 행복하게 사는 것이 목표인 최범석 패션 디자이너는 대학에 가지 않아도 성공할 수 있다는 걸 증명한 산 증인이야.

대학에 가지 않은 사람들의 이야기를 담은 책

고졸 전성시대(2015, 양인숙, 은혜정 지음, 꿈결)
피어라 청춘(2014, 이영석 등 지음, 21세기북스)
나는 대학에 가지 않았다(2012, 박영희 지음, 살림Friends)
맙소사 아직 대학이라니(2012, 이상민 지음, 책이 있는 마을)

관련한 책을 읽다보면 한국 사회에서 대학에 가지 않는다는 것은 수많은 편견과 싸워서 결국 이겨내야 한다는 것임을 알게 될 거야.

전공을
선택하려고 보니
고민이에요

진로선생님이 전공을 신중하게
선택해야 한대요,

　물론이지. 대학전공은 신중하게 택해야 해. 그러려면 앞서 이야기
했던 것처럼 모모가 어떤 삶을 살고 싶고, 어떤 직업을 가지고 싶고,
어떤 공부를 하고 싶은지 관심분야를 정하는 게 우선시 되어야 해.
그게 안 되어 있으면 수능점수에 맞춰 대학을 선택하고 적당히 취업
이 잘된다는 학과를 선택할 가능성이 높지. 모모는 수학, 과학 점수
가 높으면 이공계열의 전공을, 영어, 국어 점수가 높으면 인문사회계
열의 전공을 택할 가능성이 높을 거야. 그렇게 전공을 택하고 나서
전공이 흥미롭다면 다행이지만 뒤늦게야 '이건 내가 생각했던 거랑

너무 달라!'라며 후회할지도 몰라.

샘은 대학에서 심리학을 전공했고 대학원에서 상담심리학을 공부했어. 더구나 샘의 대표 직업은 커리어 컨설턴트야. 커리어 컨설턴트가 되고 싶다는 모모들이 메일을 보내오면 샘은 이런 과정으로 전공을 밟았고 경력을 쌓았지만, 다른 사람들은 다른 과정을 통해 비슷한 일을 하고 있다고 모모에게 알려줘. 누군가 앞서 걸어간 길은 멋져 보이지만 꼭 그 길로만 갈 필요는 없거든. 컴퓨터공학을 전공하면 꼭 소프트웨어 엔지니어가 되어야 하는 건 아니잖아. 가능한 길 중에 하나인 것이지.

전공을 살리지 않고 전혀 다른 일을 하는 사람도 있어. 그럼 모모는 묻겠지. "전공을 살리지 않는 사람이 많더라도 미래 직업과 관련 있는 전공을 하면 좋잖아요"라고 말이야. 맞아. 전공을 한다는 것은 관련 분야의 수업을 듣고 전문지식을 습득했다는 의미인데, 기왕 똑같은 시간을 들여서 공부할 바에야 자신이 가지고 싶은 직업을 위해 공부하고 연구하고 실습하는 것이 더 효율적이잖아. 하고 싶은 분야는 전혀 다른 분야인데 관심이 떨어진 공부를 계속해야 한다면 재미없고 지루해지고 말걸. 모모도 이미 학교에서 경험해봤잖아. 흥미 없는 과목은 공부하기 싫어지고 성적도 잘 나오기 어렵다는 것을.

그래서 미리 전공을 잘 탐색해봐야 하고, 내가 되고 싶은 미래의 직업과 연결될 수 있을지 생각해봐야 해. 취업이 잘 되는 학과를 택하는 것도 전략적으로는 유리하겠지만 모모의 미래를 선부르게 결정해서는 안 돼.

앞서 모모의 꿈과 미래에 대해 충분히 생각해보자고 강조했는데 이제 구체적으로 어떤 공부를 할지, 어떤 직업을 가질지를 고려해야 해. 좀 더 멀리 내다보고 진로와 직업을 생각하면서 전공을 택해야 하는데 다양한 전공 이름부터 알아봐야겠다.

우선 필요한 것은 모모가 하고 싶은 공부, 관심 분야에 대해 목록을 작성해보는 거야. 너무 깊게 생각하기보다 '음. 아! 맞아! 나 이런 것도 평소에 재미있을 거라 생각했어!' 떠오르는 것을 적는 게 중요해. 그 다음에 교육부에서 운영하는 커리어넷 사이트를 들어가보자. 직업·학과정보 페이지에 접속해서 관심 키워드를 적고 검색해보자고. 그러면 관련 전공이 아주 많이 나올 거야.

낯선 전공명이지만 모모가 관심을 갖는 분야와 연관이 있다고 하니까 전공명을 클릭해보는 거야. 그러면 학과에서 무슨 공부를 하는지, 관련 직업은 뭐가 있는지, 해당 전공이 개설되어 있는 학교가 어딘지 확인해볼 수 있어. 보다 자세하게 찾으려면 목표로 하는 대학을 택해서 대학 내 학과 사이트에 접속해보고 어떤 교수님들이 계시는지, 주로 어떤 과목을 배우는지, 사이트가 잘 운영되고 있는지를 검토해봐야 한다. 그냥 쓰윽 훑어보다가 흥미로운 내용이 있으면 반드시 기록을 해두어야 해.

'이 학교, 이 학과 전공에서는 이런 공부를 할 수 있구나.' 그렇게 정리를 하다보면 가장 끌리는 전공을 발견할 수 있을 걸.

전공을 택하는 방법

희망샘
TIP!

수십 가지의 전공 중에서 일단 흥미를 느끼는 전공 3개로 폭을 좁혀보자. 전공을 통해서 취업이나 진로 분야의 직업들을 살펴보자. 그 직업들이 어떤 일을 하는지 찾아보면 꽤 마음에 드는 분야가 있을 거야. 그 직업군들의 공통점을 찾아보고 어떤 공부를 통해서 그 일을 하게 될지를 보면 전공이 좁혀질 거야.

흥미로운 전공

선택한 이유는?

전공 후 진로분야는?

취업이
    잘 되는 전공을 선택해야
구직에 유리하겠죠?

STORY 51

대학생들이 취업이 안 돼서 이십대 태반이 백수라면서요?
어우~ 저도 그렇게 되면 어쩌죠?

전공이란 이론적이고 실제적인 면에서 어느 정도의 전문성을 가지기 위해 학문적으로 연구한다는 것을 의미해. 지금껏 진로를 위해 흥미, 적성과 같은 모모의 특성을 잘 고려해야 한다고 했는데, 전공을 선택하는 것 또한 그 과정 중의 하나란다. 때문에 꼭 취업이 잘 되는 전공을 고른다 하여 정말 취업이 잘 된다고 보장을 할 수는 없어. 많은 대학생들이 흥미를 전혀 갖지 못한 채 점수에 맞춰 대학과 전공을 택했거나, 취업에 유리한 전공을 택했다가 후회하곤 해. 관심 없는 분야에서 경력을 쌓아야 한다는 생각이 들고나서 다시 진로를 고민하던 때처럼 막막하다고 하더라. 그만큼 자기에게 잘 맞는 전공 혹은 흥미를 계속 가져올 수 있는 전공을 통해서 배움의 영역을 넓히는 게 바람직하다고 생각해.

전공을 택하거나 대학을 택할 때 취업까지 고려해야 실패가 적긴 하겠지. 하지만 샘은 재미있을 것 같은 전공을 택했고, 넓은 학문 분야 가운데 가장 관심 있고 잘할 수 있을 것 같은 분야에서 더 많은 노력을 해서 취업을 했지. 취업만을 목적으로 하지 않았기 때문에 내가 하고 싶은, 할 수 있는 일을 찾는 데 조금 더 자유로웠거든. 그래서 모모도 그런 여유를 가지고 가장 모모다운 길을 찾을 수 있기를 바란다.

'문송합니다(문과라서 죄송합니다)'라는 말, 들어봤을 거야. 학생들이 인문계열의 전공을 택하면 취업이 어렵다고 하니까 공학계열로 진학해서 유망한 직업분야를 쫓으려 하거든. 앞서 이야기했듯이, 내가 하고자 하는 분야를 잘 이해하고 창의적으로 다가갈 수 있는 분야와 융합해서 모모만의 길을 닦아갔을 때 모모가 가장 행복해질 거라고 샘은 굳게 믿어.

취업이 보장된 학과?!

특정기업에 취업이 연계될 수 있도록 기업 맞춤의 교육을 하는 학과가 몇 개 있어. 졸업 후에 취업이 보장되는 학과라 해서 인기를 끌고 있지.

- 성균관대학교 반도체시스템공학과와 소프트웨어학과는 삼성전자의 후원을 받아서 취업이 보장된다. 100퍼센트 장학금으로 등록금을 대체하고 매달 일정한 금액을 연구비로 받는데다가 미국 글로벌 기업을 탐방하는 기회도 있다.

- 한양대학교에는 다이아몬드 7학과가 있다. 자연계열에 미래자동차공학과, 소프트웨어전공, 에너지공학과, 융합전자공학부, 파이낸스경영학과(자연)가 있고 인문계열에 파이낸스경영학과(인문), 정책학과, 행정학과가 있다. 이 학과들은 4년 전액 장학금을 지원받으며 글로벌 리더로 성장할 수 있고 산학협력을 맺은 기업에 인턴이나 취업을 할 수 있는 기회를 제공받는다.

- 연세대학교에는 글로벌융합공학부라는 특성학과가 있다. 학부과정은 3년, 석박사 연계과정을 4년 안에 마칠 수 있고 입학금, 등록금 전액 면제에 기숙사비, 과외활동비까지 지원받으며 IT명품인재로 성장할 수 있다.

- 고려대에는 국방부와 연계하여 사이버국방학과가 있는데 4년 내내 장학금 혜택을 받는데다 남자 여자 상관없이 군복무 장교생활을 하면서 최고의 정보보안 전문가로서 체계적인 교육을 받을 수 있다.

- 그 밖에 아주대학교, 가천대학교, 경희대학교 등 다양한 학교에서 취업이 보장되는 학과가 개설되어 있으니 확인해보자.

교육제도가
너무 자주
바뀌어요

STORY 52

사실 교육제도에 별로 관심이 없었는데요,
언니가 대학입시를 준비하면서 힘들어하는 걸 보니까
몇 년 뒤에 갑자기 바뀐 제도 때문에 어지럽겠다 싶어요,

그러게 말이야. 요즘처럼 변화가 많은 시대에는 모모들이 더 혼란
을 느낄 것 같아. 진로와 진학의 성공여부는 정보력이라고 하는데 제
도가 너무 자주 바뀌다 보니 교사, 학부모, 학생들까지 혼란스럽지.
그렇다 해서 제도권에서 벗어나 자기만의 노선을 가지려고 하면 더
더욱 어려운 난관을 많이 겪기 때문에, 아무래도 우선 교육과정이나
제도를 잘 이해하고 있는 편이 좋겠어. 그래서 진로상담교사 분들이
학교 안에 계시는 거고, 자유학기제라고 해서 성적에서 자유롭게 저

마다의 진로를 고민해볼 수 있도록 제도를 만들어놓은 거지. '그게 얼마나 도움이 될 거다'라고 샘이 단언할 수는 없지만 제도는 많은 사람에게 도움이 되고자 마련된 것이니까 잘 활용하면 막막한 모모에게도 도움이 될 거라고 믿어. 무조건 따라가거나 무조건 반대하는 것만이 좋은 답이 될 수는 없거든. 좀 어려운 말인가.

우리나라가 발전하지 않았을 때는 다른 나라의 교육제도를 그대로 따라가려고 했대. 그러다가 급속도로 사회가 발전하니까 자원이 부족해져서, 훌륭한 인재를 키워내는 게 필수라고 여겨졌던 거지. 그래서 보다 획기적인 방법을 찾다보니 사회에서 필요로 하는 창의적이면서 훌륭한 인성까지 갖춘 인재를 양성하는 것을 목적으로 교육정책과 제도가 바뀐다는 거야.

어디에도 완벽한 정책이나 제도는 없어. 그저 완벽해지기 위해서 계속 시행착오를 겪는 과정일 뿐이지. 그리고 사회가 발전하면서 트렌드에 맞춰 변화는 계속 있을 거야. 아마 모모가 대학입시를 준비할 때, 고등학교에 입학해서도 교육과정의 변화를 만나게 되지 않을까? 아직 닥치지 않은 일에 대해서 너무 겁먹거나 화를 내지 않는 편이 좋아. 그때가 되면 모모는 뚝심 있게 잘 이겨낼 거니까.

행복은 성적순이 아니라면서요,
그래도 꼴찌인 것이 부끄러워요,

　1등이 있으면 꼴찌도 있는 거지. 내가 꼴찌라는 것을 부끄럽게 생각하든, 당당하게 생각하든 모모는 이제 더 내려갈 곳이 없으니 이제 올라갈 일만 있구나. 완전 긍정적으로 생각하면 말이야.

　공부를 어중간하게 하거나 공부를 못하는 것 자체가 모모를 힘들게 하지 않아. 단지 사람들은 공부를 잘하는 아이들에 대해 우월감을 심어주고 공부를 잘하지 못하면 쉽게 무시하는 경향이 있어. 노력하지 않는다고 생각해서 말이야. 그렇게 사람들은 선을 그어두고 잘하는 아이와 못하는 아이로 구분하려 해.

모모가 꼴찌라도 공부를 전혀 하지 않고 놀았다고만 가정하지는 않을 거야. 매일같이 놀고 잠만 자고 게임만 했는데도 운 좋게 찍기를 잘 해서 모모보다 성적이 조금 나은 친구도 있을 테니까. 모모가 손상된 자존심을 회복하려면 모모를 무시한 사람들을 원망하거나 미워하는 게 우선일 필요는 없어.

'그래, 나는 공부를 못해. 미련하게 공부를 해서 그럴지도 몰라. 우선 첫 번째 목표를 잡아보자. 그리고 공부하는 방법을 연구해보자'라고 생각해보는 건 어떨까? 너무 조급하게 생각하면 안 돼. 갑자기 반에서 1등을 하겠다는 목표나 상위 1퍼센트가 주로 하는 공부 방법은 모모하고 잘 맞지 않을 거니까. '기본에서 시작하고 욕심내지 않는 것', 거기에서 출발해보렴. 이건 다이어트를 하겠다는 자기와의 싸움과 비슷해. 중간에 아무리 노력해도 살이 빠지지 않는 슬럼프 시기가 있을 수도 있고, 주변에서 '안 될 거야'라고 부정적으로 이야기할 수 있거든. 에이, 그럼 어때?

모모가 부끄럽고 속상했던 마음을 우선 회복해야겠지. 등산을 하는 것처럼, 꾸준히 한 걸음씩 오르는 거야. 산 입구에서 헬리콥터를 타고 오르는 게 아니야. 네 걸음으로 네 속도로 가는 거야. 그렇게 꾸준히 가다 보면 히말라야 산 등반은 못 하겠니? 모모 하기 나름이지.

좀 더 노력해야
한다는 건 알겠는데
잘 안돼요

STORY 54

이번 시험도 망쳤어요. 잘하고 싶었는데 저는 역시 안되나 봐요.
시험을 잘 봐야 좋은 고등학교에 진학할 텐데,
뜻대로 되질 않아서 속상해요.

　샘도 어렸을 때 똑같은 생각을 했던 적이 있었어. 열심히 공부했
는데 시험성적이 잘 오르지 않을 때였단다. 진짜 하기 싫은 마음이
가득했는데 그래도 성적을 받으려면 공부하지 않을 수가 없었지. 억
지로 공부하니까 '하기 싫다'는 생각만 들고 성적은 계속 제자리였어.
그렇다고 공부를 안 한 건 아니었거든. 성적표를 보여드리려는데 엄
마 표정이 너무 덤덤한 거야. 그때 담임선생님이 성적표 보여드리고
도장 찍어오고 꼭 부모님 말씀을 적어오라고 했었는데, 엄마는 거기

171

에 '더 노력해서 더 나은 결과를 얻었으면'이라고 짧은 문구를 적어주셨어. 속상했단다. 샘은 '괜찮아, 열심히 했어도 때로는 결과가 안 좋을 때도 있어'라는 위로를 받고 싶었던 것 같아. 만약 더 좋은 결과를 얻으려면 더 노력해야 한다는 건 누구나 아는 사실이잖아. 그래서 샘이 지나가는 말로 엄마한테 그렇게 말했던 기억이 나. "엄마, 나도 열심히 했어. 근데 하는 만큼 잘 안될 때도 있잖아"라고 말이야.

세상은 요령 피워서 결과를 얻을 수도 있지만 성적을 얻는 것이나 내가 원하는 것을 이루기 위해서는 '귀찮고 하기 싫은 마음'과 싸워서 이겨야만 하더라. 모모가 목표로 한 곳에 이르려면 부지런히 애를 쓰는 방법이 가장 정직하면서 뿌듯한 결과를 얻을 수 있다는 말이지. 그러려면 절대적인 시간을 들이고 정보를 얻거나 지식을 쌓아야 해. 방법도 효율적이어야 한단다.

좋은 성적을 얻고자 한다면 '모모에게 맞는 효과적인 공부법'을 활용해야 하는 거야. 하지만 가장 중요한 건 하기 싫고 귀찮은 마음이 들어도 끝까지 버티며 해내는 거야. 머리로 아는 것은 누구나 가능하지만 몸으로 부딪쳐 해내는 사람은 많지 않기 때문에 꿈을 이루는 사람이 적은 거란다. 하지만 기억해야 할 게 있어. 항상 노력한 만큼의 결과가 나타나지 않을 수 있다는 거야. 하지만 노력하는 과정에서 후회 없이 열심히 했다면 열심히 한 모모 자신에게 스스로 칭찬해주었으면 좋겠다.

농부의 법칙

희망샘 TIP!

'뿌린 대로 거둔다'는 말 들어봤지? '콩 심은 데 콩 나고 팥 심은 데 팥 난다'는 말은? 우리가 운 좋게 요행을 바라기도 하는데 샘이 확실하게 장담할 수 있는 건, 말 그대로 '내가 노력한 만큼 얻는 결실이 가장 보람된다'는 사실이야. 그걸 '농부의 법칙'이라 한대.

좋은 결실을 얻기 위해서 항상 부지런하고 성실하게 노력해야겠지만, 때로는 외부의 환경적 요인 때문에 한 해 농사를 망쳐버릴 수도 있어. 인간의 힘으로 막을 수 없는 자연재해는 어쩔 수 없잖아. 그렇게 살다보면 어쩌지 못하는 때도 있을 수 있는 거야. 정말 열심히 공부했는데 갑자기 배가 아파서 시험을 망쳤다고 해서 모모가 노력한 것이 헛수고가 되는 건 아닌 것처럼.

어느 해 농사를 망쳤다고 하더라도 또 어느 해에는 풍년이 될 수도 있지 않겠니. 그러니 우리는 묵묵히 씨를 뿌리고 밭을 일구고 물을 주고 그늘을 만들어주고 잡초를 뽑는 작업을 게을리하지 않아야 해. 그렇게 땀 흘린 결실은 무엇보다 가치 있을 테니까.

- 모모가 큰 맘 먹고 노력했는데 실패했던 경험이 있는지 생각해보자. 한참 후에 결실을 맺었던 경험이 있지 않았는지 떠올려보자. 모모에게도 농부의 법칙은 반드시 통할 거야.

학교 가기 싫어요,
그냥 자퇴할까 봐요

새로 바뀐 환경이 너무 낯설어서요,
성격 탓도 있겠지만 적응이 너무 어려워요.

어른이 되고 보니까 학교라는 울타리는 생각보다 안전한 것 같아.
학교를 벗어난 바깥 사회는 좀 더 위험해. 모모가 생각하기에는 학교
가 답답하고 선생님들은 꽉 막혔고 친구들은 이기적이라 생각할지
모르지만 사회에서 만나는 사람들은 그보다 한참 더하단다.

'자유롭게 살고 싶다', '자퇴를 해서 하고 싶은 걸 빨리 하고 싶다'라
고 생각할 거야. 실제로 그런 생각으로 자퇴를 해서 더 자유롭게 살
아가는 모모들도 있겠지. 그런데 그런 경우는 아주 특수한 경우야.
더군다나 우리나라는 중학교까지 의무교육이라 학교를 다니기 싫다

고 맘대로 자퇴가 되지 않아.

자퇴를 하려면 조건이 있단다. 모모의 선택을 응원해줄 부모님과 가족이 필요해. 그리고 모모가 하고자 하는 목표가 뚜렷해야 해. 모모가 흔들리지 않을 강단이 있어야만 해. 학교가 아니어도 모모가 의지하고 소속할 만한 모임이 있어야 해. 모모의 뜻을 같이할 친구들도 필요해. 만약 모모가 꿈과 목표가 없고, 학교에서 말썽쟁이로 낙인 찍혀 마지못해 도피하듯 학교를 떠났을 때 그로 인한 후유증은 조금 오래 갈지도 몰라. 모모가 원하고 간절히 바라는 바를 샘이 모르는 건 아니야. 새로운 환경에 적응하는 것은 누군가에게는 신선한 자극제이지만 누군가에게는 두려운 과정인 거야.

조그마한 화분에 '너는 안 될 거야, 너는 죽을 거야, 너는 나빠'라는 부정적인 마음으로 물을 주면 금방 죽는다고 해. 모모가 '두렵다', '적응이 안 된다', '어렵다'고 생각하면서 부정적인 감정을 키우면 어떻게 될까? 죽어버리는 화초처럼 다시 회복하기 어려울지도 몰라. 모모의 마음을 알아줄 사람, 있었으면 좋겠다. 그리고 힘이 되어주었으면 좋겠어.

잘 하는 게 없어서 학교에서 존재감이 없어요

저는 예쁘지도 않고요,

특별히 잘하는 것도 없어서 반에서 존재감이 없어요.

한 반에는 20~30명의 학생들이 있지. 그 중에 어떤 모모는 필기를 잘하고, 어떤 모모는 꾸미기를 잘하고, 어떤 모모는 말을 잘하고, 어떤 모모는 공부를 잘할 거야. 그래서 '아, 누구! 걔!'라며 인상을 남기게 돼. 우리 모모는 어떤 인상을 줄 수 있을까. 스스로 특별한 존재감을 부각시킬 만한 것이 없다고 생각해서 의기소침한 것 같아.

특별히 노력하지 않아도 장점이 두드러지는 사람이 있지만 어떤 사람은 두드러질 때까지 시간이 걸리기도 한단다. 지금은 하얀 도화지처럼 아무것도 드러나지 않아 보이지만 찬찬히 잘 찾아보면 모모만이 가지고 있는 '그것'이 있을 거야.

샘은 초등학교 때 연습장에 항상 공주 그림을 그렸단다. 패션 디자이너를 꿈꾸면서 항상 코가 오뚝하고 눈이 반짝이는 공주 캐릭터를 그렸어. 쉬는 시간에 드레스를 그리거나 단정한 옷을 새롭게 디자인하면서 시간을 보냈지. 그랬더니 아이들이 주변에 모이면서 "나도 하나 그려줘", "내 얼굴도 그려줘" 하더라. 지금은 그려달라고 하면 못 그리겠는데 말이야. 그저 나를 드러내려고 애쓰지 않았는데 내가 좋아하는 걸 묵묵히 했더니, "어, 너 이거 좀 한다?"라고 한 아이가 그러니까 그때부터 샘의 존재감이 두드러졌던 것 같아.

고등학교 때는 예쁜 여자 선생님께 국사를 배웠어. 역사가 재미있어서 항상 국사시험은 만점을 받았지. 선생님은 아이들이 졸려하면 꼭 소리 내서 교과서를 읽으라 했는데, 항상 그 시간에는 허리를 꼿꼿이 펴고 수업을 열심히 들었기 때문에 교과서 읽는 사람으로 자주 지목해주셨어. 반에서 '역사 잘 아는 아이'로 기억되었지.

굳이 인정받으려고 존재감을 드러내 보이려고 애쓰지 않아도 괜찮아. 그저 내가 흥미로워하는 걸 묵묵히 꾸준히 하자. 노력이 빛을 발할 때가 분명히 올 거야.

자유학기제를 어떻게 보내면 좋을까요?

STORY 57

자유학기제 동안 진로와 관련한 경험을 하라는데
뭘 해야 할지 모르겠어요.

2016년 2학기부터 모든 중학교에서 자유학기제가 실시되었어. 자유학기제는 한 학기 동안 시험을 치르지 않고 다양한 방식으로 수업하고 직업체험 활동을 통해서 진로교육을 집중적으로 하는 기간이야. 이 자유학기제는 아일랜드의 전환학년제를 따라 만든 제도라고 해. 아일랜드 전환학년제는 자율제도인데도 중학교 졸업생 절반이 이 전환학년제를 신청해서 다양한 경험을 쌓는대. 아일랜드의 전환학년제는 학생의 자율에 맡기는 반면, 우리나라는 중학교 1학년 2학기 때 실시하고 의무적으로 참여해야 하니까 조금은 다른 것 같아.

40년 전통의 제도를 모방한 거니까 시행착오가 좀 더 있어야만 훌륭한 제도로 안착될 거라고 봐.

기왕 제도가 만들어져서 의무적으로라도 참여해야 한다면 차라리 마음껏 진로를 탐색해보는 게 좋을 것 같아. 너무 입시 위주로만 학교 교육이 이루어지니까 진짜 진로문제에 대해서 고민할 시간을 갖지 못하는 우리 모모들에게 어쩌면 좋은 기회일 거니까. 먼저 모모 부모님의 직업부터 관심을 가져보면 좋을 것 같아. 부모님의 일터를 방문해보자. 어떤 노고를 하고 계신지 살펴보고, 돈을 버는 과정이 그리 녹록치만은 않다는 것을 이해하면 모모가 앞으로 사회인이 되기에 앞서 어떤 각오로 준비를 할지 생각해볼 수 있을 것 같아. 그런 다음 평소 관심 있었던 분야에 대해 확장하면서 진로에 대해 탐색하는 활동을 해보는 거야.

학교에서 편성한 진로수업에 참여한답시고 자리를 보전하고 앉아 있는 것으로는 부족해. 적극적으로 참여하고 모모의 생각을 말과 글로 표현하는 훈련을 하렴. 책도 읽어보고 주말이면 부모님의 허락 하에 친구들과 삼삼오오 모여서 체험활동을 나서보렴. 그리고 봉사활동도 하자. 봉사점수를 채우기 위한 게 아니야. 진심에서 우러나오는 자원봉사여야만 해. 이 모든 활동을 통해 모모의 진로 관심사가 점점 확장되었다가 '어떤 삶을 살아보고 싶다, 어떤 직업을 가지고 싶다, 어떤 공부를 해야 겠다'는 마음이 생길 거야.

자유학기제에 시험을 보지 않는다고 하지만 평가를 전혀 하지 않는 건 아니야. 수행평가는 계속되거든. 다양한 수업방식이 이루어지는데 토론을 하거나 실습을 하는 과정에서 얼마나 적극적으로 열심히 참여했는지를 서술하게 돼. 그때 참여하면서 뭘 생각하고 뭘 느꼈는지를 잘 표현하는 게 중요하겠지. 중간, 기말고사가 없다고 해서 학습 진도를 안 나가는 것도 아니고, 자유학기제가 끝나면 2학년으로 올라가서 또 시험과 마주해야 하니까 너무 자유를 만끽하고 놀겠다는 생각을 한다면 분명 나중에 후회할 거야.

학교생활기록부에
출결이 엉망이에요

출결이 엉망이니까 불성실하고
문제를 일으킬 아이로 찍혔어요.

출결사항은 성실함을 드러내는 대표적인 지수야. 물론 피치 못할
사정으로 한두 번의 지각이나 결석이 비난받을 건 아니지. 사람마다
사정이 있거나 실수할 수는 있으니까. 하지만 습관처럼 지각하고 결
석을 밥 먹듯 한다면 모모는 무엇으로 성실함을 증명할 수 있을까?
성실함을 증명하라니, 너무 무리한 말 같지?

어려서부터 꾸준하게 노력하면 그 노력이 빛을 발할 때가 온다.
출결사항이 엉망이어서 걱정스럽다는 말은 결국 모모도 그런 결과
때문에 다른 사람들이 모모의 진정성, 가치를 의심할까 봐 걱정된다

는 말이잖아. 우리는 뚜렷하지는 않지만 무의식적으로 그런 걱정을 하고 있는 거지. 이제까지 출결이 제멋대로였던 것에 대해서는 마음을 비우자. 지난 일에 대해 안타까워하고 속상해할 시간을 아껴서 앞으로의 삶에 대해 각오를 다지는 편이 쉬울 거야. 왜냐하면 아무리 걱정하고 속상해한들 결과는 변하지 않을 거니까.

어떻게 하면 이제 앞으로 모모가 좀 더 성실하게 살아갈 수 있을까? 아침에 일찍 일어나는 것이 힘든지, 학교에 가고 싶지 않을 때 학교에 가야만 하는 당위성을 찾는 것이 어려운지, 그냥 그날 아침에 기분이 안 좋으면 충동적으로 학교를 안 갔던 것인지, 원인을 찾아보고 방법을 고민해보자. 출결사항을 앞으로도 계속 관리하지 않았을 때 주변에서 갖게 되는 편견은 어떨지, 그로 인한 불이익은 없을지 상상해보는 것도 좋아.

모든 일에는 원인과 결과가 있기 마련이야. 원인을 분석하고 이제까지와 다른 실행을 하고 결과를 상상하면서 변하고 싶어 하는 모모에게 힘을 실어주렴. 그러면 모모가 걱정하는 데 들일 시간을 줄이고 좀 더 모모가 살고 싶어 하는 삶에 맞닿아 있게 될 거야.

저도 가끔 일탈하고 싶어요.
항상 반듯한 이미지로 살아야 하니까 답답해요.

어? 샘도 그랬는데! 샘도 사춘기 시절에 겉으로 드러내지는 못했지만 막 공부 따위는 다 던져버리고 그냥 아무것도 하고 싶지 않을 때가 있었어. "너는 참 모범적이다", "너는 참 공부 열심히 한다"는 주변의 평가 때문에 그 기대를 저버릴 수가 없어서 모범생인 척 했었지. 담임선생님이 샘을 참 예뻐하셨는데 샘은 담임선생님을 애정하지 않았거든. 어른들이 뭔가 말씀하시면 "네, 알겠습니다"라고 대답하고 뒤돌아서서 '치이…. 왜 나한테만 그래?'라고 생각했어. 그랬더니 어른이 되고 나서 아프더라. 마음이. 내가 솔직하게 느끼고 생각하는 것을 숨기고 살아서 항상 좋은 사람으로 보이려고 했던 게 진짜 내가 아닌 것 같아서 말이야.

남들이 "넌 참 괜찮은 아이야"라고 했던 데 도취되었다가 '내가 진짜 괜찮은 아이인가? 사실은 아니고 싶은데'라고 생각했던 것 같아. 더구나 공부를 잘한다고 꼭 모범생은 아니거든. 학교에서야 공부 잘하면 타의 모범이 된다고 추켜 세워주지만, 누군가에게 괜찮은 사람으로 보이기 위해 애를 쓰는 건 그다지 마음에서 우러나오는 건 아니었던 거야.

가장 바람직한 건 뭐냐면 '아, 나는 가끔은 괜찮은 사람처럼 보이고 싶지 않아!'라는 자기 안의 목소리에 귀 기울이는 거야. '아주 소심하지만 짜릿한 일탈', 해도 돼! 하고 싶다고 생각하고 정작 일탈을 못하고 있는 건 모모 자신이잖아. 반듯하고 참한 이미지가 너무 싫으면 반전의 미학을 추구해 봐. 아마도 그게 진짜 모모일 거야.

모모야, 모범생으로 살아갈 필요는 없단다. 다만, 너답게 살아가면 돼. 너다운 게 뭐냐고? 에이~ 그 답은 모모가 알고 있잖아. 모모가 하고 싶은 대로 자유로워질 때, 그때의 기분을 기억해.

선생님은 공부 잘하는 애들만 예뻐해요

공부를 못한다고 무시해요,
제 말은 들어주지 않아요.

　그거 알고 있니? 모든 선생님들이 학교 다닐 때 공부를 잘한 건 아니란다. 선생님들도 어릴 때 말썽도 부리고 잘못해서 혼난 적도 많을 거야. 그런 시절이 있었는데도 불구하고 공부 잘하는 애들만 예뻐한다면 또 다른 숨은 비밀이 있어서야. 선생님들 사이에서도 '공부 잘하는 반'을 맡은 선생님은 우수한 교사로 대우받고, 그렇지 않은 반을 맡은 선생님은 말썽 많은 반을 맡아서 고생하는 교사로 동정표를 받거든. 그러니 공부 잘하는 아이, 공부 잘하는 반은 선생님이 좋은 평가를 받게 하는 데 도움을 주는 거지. 공부 잘하는 애를 특별히 편애하는 거라기보다 열심히 해줘서 고맙다는 의미로 조금 더 티가 날 거야.

모든 선생님들은 알고 있단다. 우리 모모들이 각자 긍정적인 존재 가치를 가지고, 한 명 한 명의 미래가 빛날 것을. 만약 모모가 공부를 못한다는 이유로 무시한다면 모모의 선생님이 자신의 마음을 모모들에게 이해시키지 못해서 그런 건 아닐까. 속상한 마음 한가득이겠지만 샘이 대신 알아줄게. 모모는 누구에게도 무시당할 이유가 없다고.

예전에 어떤 모모가 담임선생님한테 찍혀서 1년의 학교생활을 너무 고통스럽게 보냈다고 하더라. 사춘기 시절에 방황하다 보니 공부에 손 놓게 되어 성적이 곤두박질쳤대. 공부 잘하는 아이와 못하는 아이를 구분해서 선생님의 편애가 너무 심하다 보니 정의감에 약간 반항을 했던 거야. 그 이후로 계속 선생님은 반 아이들 앞에서 면박을 주며 사소한 일로 지적하고, 부모님 이야기까지 거론해서 정말 견딜 수가 없었대. 나중에 후회하고 반성해도 가혹하다 싶을 정도로 선생님의 미움이 계속되니까 너무 상처를 받았고 어른들에 대한 불신이 강하게 생겼다는 거야. 걱정하실까 봐 집에 이야기도 못하고 보낸 그 시간이 얼마나 고통이었을까. 그래서 시간이 지난 후에도 나이가 지긋한 어른을 대하는 게 너무 불편하고 힘들어졌대. 씻을 수 없는 상처로 각인된 탓이야.

설마 모모도 그럴까? 부모님 다음으로 중요한 어른인 선생님에게 인정받고 사랑받지 못하는 마음 때문에 상처가 되었을까. 상처받지 않는 것을 택하도록 하자. 진심을 다해 선생님에게 모모의 이야기를 전하고 신뢰를 얻고 사랑받을 수 있다면 얼마나 좋을까. 방법은 여러 가지가 있을 거야. 모모가 노력해서 성적을 올려 '저도 한다면 해요!' 를 보여주는 것, 공부가 전부는 아니라는 것을 증명하는 '모모만의 특별함'을 드러내는 것, 선생님이 무시하는 태도를 보여도 '나는 상처받지 않아요'라며 마음의 거리를 떼어놓는 것 등. 무엇 하나 쉽지는 않겠지만 모모가 상처받지 않고 성장하는 데 집중하며 모모의 내년을 고대해보자.

PART 03

저는 정말
고민이 많아요

★

"성장하기 위해선,
나를 위한 다독임이 필요해!"

1955년, 미국 하와이 카우아이 섬에 소아과 의사, 정신과 의사, 사회복지사, 심리학자들이 모였어. '카우아이 섬 종단 연구'로 불리는 대규모 심리학 실험이 진행된 거지. 그 당시 태어난 833명의 신생아들을 대상으로 30년간 아이들이 어른이 될 때까지 추적 조사하는 프로젝트였어. 연구진들은 833명 신생아 중에서 201명을 추려냈지. 이 아이들은 가정 내 불화가 심하거나 알코올 중독, 정신질환을 앓고 있는 부모를 뒀거나 가난해서 아주 열악한 가정환경 속에서 태어났다는 공통점이 있었어. 연구진들은 이 아이들이 사회부적응자로 성장할 거라 예측했지. 하지만 예상을 깨고 201명 중 3분의 1에 해당하는 72명이 잘 성장해나갔대. 오히려 부유한 환경에서 자란 아이들보다 더 성공적인 삶을 이뤄냈다는 거야. 경제적 지원도 받지 못하고 실패와 좌절 속에서도 훌륭하게 자라났다면 이 72명의 아이들에게는 특별한 공통점이 있지 않을까? 그 공통점을 연구진은 마침내 발견했어. 아이들 곁에 있는 '단 한 사람'의 존재였다는 거야. 언제나, 어떤 상황에서도 아이들을 믿어주고 무조건적인 사랑을 베풀어주는 그런 사람 말이지.

진로를 잘 선택하기 위해서는 좋은 정보를 가지고 잘 활용하는 것도 중요하지만 든든하게 지지해주는 관계와 마음 또한 중요해. 모모의 뿌리를 받쳐주는 가족과 형제자매, 친구들과 어떤 관계를 맺고 있느냐에 따라서 모모가 중요한 결정을 할 때, 편안하게 갈 수도 있고 아닐 수도 있는 거야. 관계가 편안하지 않은데 진로목표를 정했다고 해서 밀어붙일 힘이 생기지 않거든. 혼자 사는 세상이 아닌데 혼자 외로운 싸움을 하고 있다고 상상해 봐. 안 그래도 모모의 미래는 뚜렷하지 않은데 얼마나 불안하겠어. 이 시기를 잘 다독여야만 진로를 잡아가는 데 도움이 될 거야.

그래서 이번에는 그러한 이야기들로 모모와 함께 하려고 해. 모모의 마음을 다독이고 모모의 든든한 뿌리를 다독이는 데에 위로가 되었으면 좋겠어.

절대 어제를 후회하지 마라.
인생은 오늘의 네 안에 있고, 내일은 너 스스로 만드는 것이다.

_론 허바드(작가)

부모님이 저를 안 믿어주세요

부모님은 제가 거짓말쟁이로밖에 보이지 않나 봐요.
사실을 이야기했는데도 의심해요.

어떤 모모의 엄마가 그러시더라. 모모가 딱 한 번만이라도 자기가 한 약속을 지킨다면 믿어줄 수 있을 것 같다고. 단 한 번도 믿게끔 행동하지 않는 모모 때문에 항상 실망을 반복하게 된다고 말이야. 샘은 상담하면서 어머니께 그런 말씀을 드렸어.

"모모와 한 약속은 자발적인 약속이 아닐 거예요. 엄마가 바라니까 알았다고 응한 것뿐이죠. 한편 모모도 마음으로는 그렇게 행동하고 싶지 않을 거예요. 제 마음과 다르게 행동하게 되는 사춘기인 것을 이해해주세요. 엄마니까요."

실제로 믿음을 저버려서 너무 속상하다는 엄마라 하더라도 모모의 흔들리는 이 시기를 잘 견뎌주면, 모모가 마음잡고 공부도 하고 진로도 찾아가는 시기 또한 찾아올 거야. 그러면 엄마에게 자랑스러운 모모가 될 텐데 많은 엄마들이 이 시기를 견뎌주지 못해. 그리고 모모와 실랑이를 하다가 완전히 등 돌리는 거야. 모모는 그걸 원치 않지?

모모는 부모님의 기대 중 어떤 것을 저버렸니? 모모 스스로 자신에 대해 잘 알아야 해. 부모님의 기대를 맞추려다가는 진짜 모모의 길을 찾지 못하고 헤매게 될 거야. 다시 부모님에게서 믿음을 얻고 싶다면 노력이 조금 더해져야겠지. "너는 안 될 거야. 내가 잘 알아"라는 말에는 귀를 닫자. 그리고 꼭 하겠다 마음먹은 것을 작은 것이라도 좋으니 이뤄내도록 해.

"엄마, 나는 해냈어요! 작고 보잘 것 없지만 그래도 나는 이런 내가 자랑스러워요!"라고 말할 수 있기를 바란다.

엄마는 죽었다 깨도 내 마음 몰라요

역시 어른들은 불편해요.
대화를 하자면서 엄마 얘기만 일방적으로 해요.
엄마랑 함께 있으면 내가 내 마음을 얘기할 수가 없게 돼요.

그래, 모를 거야. 엄마도 모모 마음을 몰라서 그러시는 거겠지. 엄마들의 말을 들어보면 모모에 대해 아파하고 계셔. 엄마도 모모에게는 좋은 엄마이고 싶을 거야. 좋은 엄마가 되는 방법을 잘 몰라서 답답해하고 계시고, 모모에게 하는 말이 해도 괜찮은 말인지를 고민하실 거야. 엄마도 좀 더 현명하게, 모모를 잘 이해하고 싶을 거야.

공부 안 하면 고생하고 남한테 인정받지 못한다는 것을 진즉에 아셨기 때문에 모모에게 공부를 강요하는 걸 거야. 돈이 없으면 초라하니까 돈 많이 버는 직업을 선택하라고 하시는 거고. 결국, 모모가 지금보다 더 행복했으면 바라는 마음이 간절할 거야.

물론 공부를 해도 행복하지 않을지도 몰라. 돈을 많이 벌어도 행복하지 않을 수 있어. 그저 엄마가 살아온 삶 속에서 공부를 열심히 하고 돈을 많이 번 사람들만이 행복해 보였을 수도 있고. 사람은 자기가 살아온 만큼, 살아가고 싶은 만큼 세상을 이해하게 되어 있어. 모모가 바라보는 삶 속에서는 그렇지 않을지도 모르는데 엄마도 엄마의 삶 속에서 모모의 미래를 예측하고 계신 거지.

엄마가 모모의 불행을 기도하지는 않을 거야. 엄마가 엄마의 행복을 위해서만 모모에게 강요할 리 없잖아. 모모의 마음을 엄마가 조금 더 이해해주기를 샘도 바란다. 모모도 엄마의 마음을 많이 모르고 있을걸? 언젠가 때가 되면 모모가 모모 스스로를 더 잘 이해하게 될 날, 엄마에게 이해시켜드리도록 해. "엄마, 나는 이런 사람이에요"라고.

부모님이 맞벌이여서 항상 바쁘세요.
저의 진로 문제에 대해 별 관심도 없으시고,
알아서 하라고 하세요.

    샘이 상담하면서 안타까운 게 있어. 부모님이 너무 많이 참견하시거나 너무 관심이 없을 때 모모가 힘들어한다는 거야. '적당히'의 선을 지켜주면 참 좋을 텐데 그게 어려운 것 같아. 부모님들도 상담 오셔서 그런 말을 해. 어느 정도가 적당한 수준인지를 잘 모르겠다고. 그럴 때 샘은 그렇게 말씀드리고는 해. 모모가 원하는 게 뭔지를 파악하고 밀고 당기기를 해야 하는 거라고.

    모모는 모모의 진로에 대해 부모님이 관심을 좀 더 가져주시길 바라는구나. "네가 알아서 해. 잘할 수 있잖아"라고 부모님들은 무심하게 얘기하고 "네가 한다는 거 뭐든 지원해줄게"라고 하시지. 그게 모모의 자립심을 키워주는 게 아니라 무심하게 방치하는 거라는 사실을 잘 모르셔. 생업에 너무 바쁘거나 복잡하고 스트레스 받는 일이 많을 때 주로 그래. 모모는 아직 어리다며 어른들의 세계를 잘 설명해주지 않으니까 많이 답답할 거야. 혹은 성격상 차가운 타입이어서 그럴지도 모르고. 그럴 때 모모가 관심받기 위해 엉뚱한 방향으로 가지 않으려면 똑똑하게 모모의 의견을 말해야 해.

혼자서 정보를 찾아야 할 때, 막막하거나 찾은 정보가 괜찮은 정보인지 궁금할 때는 "이런 분야에 대해서 궁금해요. 저는 학생이고 아직 어려서 정보를 찾는 게 어려우니까 엄마 아빠가 좀 알아봐주세요"라고 말하는 거야.

"왜 엄마 아빠는 나한테 관심도 없어!"라고 부정적인 감정을 섞어서 이야기하면 대화가 되지 않을 거야. '이건 내 인생에 정말 중요한 문제'라는 마음으로 부모님께 정확한 모모의 고민과 궁금증을 나누도록 해.

잔소리는 지긋지긋해요

가만히 두면 제가 알아서 할 건데
엄마는 계속 쫓아다니면서 잔소리해요,

샘은 같은 말을 두 번, 세 번 하는 걸 별로 좋아하지 않아. 잔소리는 잔소리를 하는 사람이 상대에게 요구하는 말이거든. '내가 원하는 대로 움직여, 움직이지 않으면 나는 계속 같은 말을 해서 네가 행동에 옮기게 할 거야'라는 마음이 담겨 있지.

만약 엄마가 심부름을 하라는 소리를 듣고 한 번에 몸을 움직였다면 잔소리는 반복해서 듣지 않게 될 거야. 그럴 때는 "엄마, 나는 지금 엄마가 하는 말을 따르고 싶지 않아! 지금 나는 OO에 집중하고 있거든. 엄마가 원하면 언제까지 반드시 하도록 할게"라는 메시지를 정확하게 전달해야 해. 물론 집중하고 있는 게 엄마의 심부름보다 더 중요하다는 것이 설득적이어야 할 거야. 그리고 나서 약속한 대로 반드시 움직여야 해. 만약 모모의 입으로 뱉은 약속을 지키지 않으면 또 잔소리는 시작될 거야.

한편 부모님이 잔소리를 하는 것은 부모님의 걱정이 깔려 있어서 그래. 요즘처럼 험한 세상에 미리미리 조심하고 행동을 단속해야만 사고 없이 건강하게 잘 살 수 있을 거라고 굳게 믿고 계시기 때문이지. 처음에는 모모가 조심하기를 바라며 주의를 줄 생각으로 이야기를 시작하실 거야. 그러다 뜻대로 되지 않으면 모모의 성격, 태도, 생활방식까지 꼬집어서 '너는 잘못됐어, 나쁜 아이야'라는 숨은 메시지까지 담아서 이야기하실 지도 몰라. 그게 더 강한 자극 효과가 있다고 생각해서. 그러면 부모님의 처음 의도와는 다르게 모모가 정말 행동을 바꿀 수 있는 기회를 줄 수 없게 돼. 어른들은 그런 엄청난 결과가 온다고 생각하지 않고 모모를 통제하려 하니까.

잔소리가 너무 많은 부모님이라면 잔소리의 원인을 잘 생각해보고 그런 소리를 듣기 전에 미리미리 행동으로 보여주어서 부모님의 불신을 깨줘야 한단다. 쉽지 않다는 거 알아. 모모의 마음속에 '뿔난 말썽쟁이'가 살고 있을 거라서. 뿔난 말썽쟁이한테 전해주렴. "나는 너보다 부모님께 믿음을 주고 싶은 '모모'의 편을 들어줄 거야"라고.

부모님 사이가
안 좋아요

부모님은 하루가 멀다 하고 싸우세요.

그러면서 저희 형제에게 싸우지 말고 우애 있게 지내라 하시죠.

어른들은 참 이상하지? 말과 행동이 달라서 모모들을 혼란스럽게
해. 부모님이 사이가 안 좋으시면 모모는 참 많이 불안하겠구나. 두
분이 왜 그렇게 싸우실까? 성격이 잘 맞지 않나? 경제적으로 위기가
있어서 그런가? 모모에게 좋은 모습을 보이고 싶은데, 맘처럼 뜻대
로 되지 않아서 아마 속상하실 것도 같다.

우리나라에 언제부턴가 이혼하는 가정의 비율이 무척 높아졌어.
이혼가정이 예전에는 흠이라 생각해서 부모님들이 되도록 가정을
유지하려 했던 과거와 달리 요즘은 각자, 자신의 행복을 더 중요하게

생각하기 때문에 이혼율이 높아진 게 사실이야. 모모는 부모님의 사이가 안 좋아서 어떤 마음이 드니? 부모님이 이혼하실까 봐 불안하니? 아마 학교에서 집에 돌아가도 편안한 휴식처라는 생각보다 시끄럽고 불편한 곳이라 생각해서 집에 가고 싶지 않을지도 모르겠어.

항상 표정이 좋지 않은 부모님의 얼굴을 보고 있자면 모모가 아무리 부모님을 기쁘게 해드리려고 해도 소용없을 것 같으니까, 굳이 학교에서 공부를 열심히 하거나 노력할 필요를 못 느낄 거야. 말썽을 부려서 사이가 안 좋은 부모님이 모모에게 관심을 갖도록 하는 경우도 왕왕 있어. 물론 그런 모모에게 관심은 갖겠지만 더욱 사이가 멀어질 빌미를 주기도 하지. "쟤는 누굴 닮아 저래? 당신 닮아서 그렇지!"라고 서로 비난하면서 말이야.

모모가 원하는 삶을 살기 위해서 '힘내라'고 응원받으면서 진로를 결정하고 싶어도 불안정한 날개를 가지고 있으면 날 수가 없을 거야. 아무래도 모모의 마음이 편치 않으니 '에이, 우리 부모님이 나에게 관심도 없고 본받을 것도 없는데 내가 열심히 내 진로를 꾸려 뭐해?'라고 생각할 수도 있을 것 같아. 그럴수록 모모가 정신줄 꽉 잡지 않으면 안 돼. 부모님의 삶과 모모의 삶은 다르단다. 모모의 삶을 꾸려 가는데 부모님의 응원이 꼭 필요하지만 그게 갖춰져 있지 않다 하여 모모의 삶을 망치려 하지 마.

간섭받기 싫어서
거짓말을 하는데
잘못인가요?

엄마는 제가 하는 일에 너무 간섭을 해요,
그래서 언제부턴가 엄마한테 혼나지 않으려고
거짓말을 하기 시작했어요,

　어떤 어머니가 식식거리면서 상담실에 방문하셨어. 우리 아들은
왜 그런지 모르겠다면서 화를 내시는 거야. 엄마의 생각에 아들이 맨
날 거짓말을 한대. 공부하겠다고 자리에 앉아서는 스마트폰 게임을
하고, 숙제를 했다고 하면서 가방에는 아무것도 들어 있지 않다는 거
야. 시험기간이 다가오는데도 책 한 번 들춰보지를 않고, 게임시간을
정해놨는데 한 번도 지키질 않았대. 그래서 모모랑 매일같이 부딪친
다는 거야.

너무 답답해하셔서 모모를 한번 만나봤지. 모모는 처음에는 어색해하다가 이렇게 말하더라. 공부하려고 자리에 앉았는데 엄마가 공부하라고 닦달한대. 숙제를 학교에서 미리 하고 왔는데 엄마가 숙제 검사를 하려고 가방을 뒤진다는 거야. 학원가기 전에 잠깐 쉬고 있는데 학원갈 준비 안 하냐고 분 단위로 잔소리를 하고. 그래서 어느 날부턴가 사사건건 참견하는 엄마가 미워서 공부도, 숙제도 하지 않고 그냥 했다고 말해버린대. 미리미리 해도 어차피 간섭받고 잔소리를 듣는데 할 필요가 없다는 거지. 잠깐 혼나면 그뿐이라고 생각한 것이 습관처럼 굳어졌대. 모모가 정말 원하는 건 뭐였을까? "엄마, 저한테 너무 간섭하지 마세요. 내가 알아서 할 수 있는데 엄마가 나를 믿어주지 않으니까 그렇잖아요"라고 말하고 싶었을 거야.

그렇지만 엄마는 모모의 이야기를 들어주기 전에 미리 불안해서 재촉하고 싶어지는 거지. 그런 모습은 엄마의 엄마, 그러니까 외할머니도 그런 모습으로 대하셨더라고. 모모가 그런 행동을 한 것은 어쩔 수 없는 생존전략이었을 것 같아. 샘이 다 이해해. 당장의 비난과 잔소리를 피하기 위한 거짓말은 미봉책이야. 터진 곳을 임시로 얼기설기 꿰어서 눈가림하는 것. 그 방식을 계속 쓰면 모모가 진짜 바라는 대로 엄마의 간섭을 줄이고 스스로 할 때까지 기다려주는 엄마를 기대하기는 어려울 거야. 모모의 삶을 더 희망적으로 꾸리기 위한 방법이 뭔지 좀 더 고민해보자.

부모님의 기대가
너무 커요

STORY 67

제가 아무리 노력해도
만족하지 않으시거든요,

기대를 갖는다는 것은 그 기대만큼 성취하기를 원한다는 거지. 모모의 부모님은 모모에게 좋은 성적, 착한 인성을 기대하시겠지. 그런데 기대의 수준이 너무 크다면 우리 모모 너무 부담스럽겠다. 모모네 집안사람들이 모두 공부를 잘하고 말썽부려본 적이 없었다면, 모모도 한 핏줄이니 항상 그 수준에 맞추는 게 너무 당연하다고 믿는 거지. 만약 거기에 맞춰주지 못하면 마치 외계인이나 돌연변이처럼 대할지도 몰라. "왜 너만 유독 그래?"라고 말할 수도 있고.

모모야, 사람마다 타고난 기질이 있고 재능이 다른 건데 그걸 인정받지 못한다면 말이야. 소위 SKY 대학이 아니면 안 되고, 특목고에 입학하지 않으면 안 되고, 전교 상위권의 성적을 유지하지 않으면 안 된다는 생각을 하게 될 수 있어. 그러면 모모는 항상 긴장하고 불안에 떨면서 살아야 될 거야. 누군가의 기준에 맞춰서 살려는 삶은 '자신의 삶'이 아닌 '남을 위한 삶'이기 때문에 노력을 해서 결과물을 얻어도 자꾸 눈치를 보게 되는 거야. 내 기준이 아닌 남의 기준에 맞췄는지 아닌지를 따져야 하니까.

차라리 부모님이 기대하는 수준이 어느 정도인지 명확하게 알아두는 게 좋겠어. 그리고 모모가 이번에 할 수 있는 최선이 무엇인지를 가늠해보도록 하자. 결국 기대가 큰 부모님은 모모를 잘 모르셔. 어떤 재능이 있는지, 어떤 마음으로 살아가는지. 가장 잘 아는 것은 모모 자신이어야 해. '이 정도 노력하면 이 정도는 내가 목표를 이룰 수 있을 것 같아'라는 기준을 스스로 만들어보도록 해. 그리고 당당하게 선언하자.

"이번에는 이 정도를 목표로 했어요. 그리고 이뤘어요. 그래서 다음에는 더 잘할 거라고 믿어요. 다음 목표는 이거예요"라고. 사람이 실수도 하고 실패도 할 수 있지. 그걸 조금도 용납하지 못하면 더 큰 성장이 있기 어려워. 네가 아닌 다른 사람의 기준에 맞추느라 애쓰지 말고 네 기준을, 네 목표를 세우도록 해.

형제(자매)에게

열등감을 느껴요

동생은 저보다 무엇이든 잘해요.
성적도 좋고 예쁜데다가 성격도 좋아요.
그에 비해 저는 보잘 것 없어요.

참 이상하지. 똑같이 엄마 배에서 태어났는데 왜 형제자매 간에
이렇게 다를 수 있을까. 누구는 예쁘고 누구는 못나고, 누구는 성격
이 좋고 누구는 말썽쟁이에, 누구는 공부를 잘하고 누구는 공부를 못
한다니. 신의 얄궂은 장난인가 싶기도 해.

모모가 보기에 동생이 뭘 하든 월등해 보이니. 그에 비해 상대적
으로 모모는 부족하고 못나 보이는 거야? 누구나 태어나면서 달란트
가 있다고 말했잖아. 모모는 어떤 달란트가 있을까. 사실 모모가 태

어났을 때 부모님은 엄청 기뻤을 거야. 부모가 된다는 것은 정말 놀라운 경험이라잖아. 그런데 동생이 태어났을 때는 그 기쁨이 딱 절반으로 줄어든다더라. 왜냐면 이미 경험해봤기 때문에 처음처럼 그렇게 놀랍거나 신기하거나 기쁘지 않다는 거야. 모모는 세상에서 가장 소중한 부모님의 아이로 사랑받았는데 동생은 태어날 때부터 경쟁해야 하는 언니(형)가 있는 거지. 그러면 어떨까? 뭐든 자기보다 빠르게 앞서나가 있으니 따라 잡기 위해 부단히 애써왔을 거야.

심리학자 에릭슨이 말하기를 형제자매 간에 태어난 순서에 따라서 성격과 기질이 다르다고 해. 그만큼 동생의 입장에서는 모모가 애쓰지 않아도 다 누리는 사람으로 무의식적으로 받아들였을 거야. 그러니 부단히 노력해서 다른 사람에게 사랑받는 법을 터득했을 텐데, 모모가 보기에는 항상 당당하고 자신감 있는 것처럼 보였던 거란다.

모모는 어떤 강점이 있는지 궁금하다. 동생이 가지지 못한 특별한 무엇을 발견할 수 있다면 좋겠어. 물론 그것조차 동생은 시기, 질투해서 자기도 언니(형)를 똑같이 따라 하려고 할 가능성도 있어. 어때? 모모가 생각하는 것만큼 동생은 완벽하지 않아. 자신보다 잘난 것이 많다 해서 동생을 미워할 이유도 없는 거야. 동생도 살아가기 위해서 사랑받기 위한 방법을 사용하고 있는 것뿐이니까.

아마도 부모님이 형제(자매) 간에 다른 점을 꼬집어 모모에게만 잔소리를 할지도 몰라. 혹은 쉽게 상처받을 만한 말을 종종 해서 모모의 마음을 아프게 할지 몰라. 그럴 때에는 이렇게 생각하자. 깨물어서 안 아픈 손가락은 없다고. 때문에 부모님이 모모와 동생을 생각하는 마음이 한 쪽으로만 크게 기울어져 있지는 않다고. 다만 유독 예쁜 손가락이 있어서 다른 사람 앞에서 자랑스러워하는 대상이 주로 동생일 수도 있겠지. 공부 잘하거나 돈 많이 버는 자식이 최고인 것은 아닌데도 말이야. 그건 부모님의 열등감이 폭발해서인 거야. 그러니까 모모는 동생처럼, 혹은 동생만큼 되려고 하지 말고 모모다운 걸 찾아보도록 해.

내가 그 일을 하고 싶다는데 엄마는 말려요

진로와 관련하여 많이 고민해서
내린 결정인데 엄마는 하지 말래요.

직업의 장점과 단점이 있단다. 부모님은 직업의 단점을 바라보고 모모는 직업의 장점만 바라보고 있는 것은 아닐까. 눈을 가린 채, 코끼리를 만져보고 설명해보라고 하면 코끼리 다리를 만진 사람은 코끼리가 둥근 기둥처럼 생겼다 할 것이고, 코를 만진 사람은 기다랗고 두꺼운 호스처럼 생겼다고 설명하겠지. 모모는 직업의 장점만 바라보고 그 직업이 이렇게 멋지고 좋은 직업이라고 설명하겠지만 부모님은 모모가 선택한 길이 틀렸다고 판단해서 모모가 힘들어질까 봐 걱정하고 말리려 할 거야.

그렇다면 얼마나 그 직업에 대해 잘 알고 있어야 할까. 얼마나 모모가 그 일을 잘해낼 수 있을 거라고 부모님에게 설득해야 할까. 그 고민을 해보면 좋겠다. 모모 스스로 확신을 가지고 있다면 부모님을 설득하렴.

샘이 예전에 만났던 모모는 중학교 때부터 비보이로 활동했어. 무대 위에서 춤을 출 때 가장 행복해서 세계무대에서 춤을 추는 꿈을 가지고 있었어. 그런데 춤 연습을 하다가 자꾸 다치고 늦게까지 연습하고 공부에 소홀한 모습 때문에 엄마의 반대가 심했대. 그래서 잠깐 춤추는 것을 쉬었는데 다른 꿈을 가질 수가 없었다는 거야. 진지하게 엄마를 설득했어. 힘들고 어려운 때에도 끝까지 잘 버텨낼 거라 약속했대. 나중에 나이가 들어서 그 일을 계속하지 못하게 될 것을 걱정하고 오랜 연습으로 몸에 무리가 올 것을 걱정하는 엄마 마음까지 헤아렸고, 걱정 끼치는 일이 없도록 자신과도 굳게 약속을 하고 다시 시작했어. 그 모습이 참 당당하고 멋졌던 것 같아.

살다보면 위기의 순간이 와서 힘들어질 때가 있을 거야. 굳게 약속하고 다짐했어도 힘들어질 수도 있어. 그 모습을 보면 부모님은 뭐라고 하실까? '내가 그럴 줄 알았다'라고 하실까. '그래도 네가 이겨낼 거라 믿는다'라고 하실까. 부모님의 반응이 어떻든 간에 모모의 선택 자체를 후회하거나 쉽게 포기하기는 어려울 거야. 왜냐하면 모모의 선택이니까. 그 선택에는 책임이 뒤따르니까.

모모가 정말 원하는 일인지를 진지하게 고민하고 결정하기를 바

란다. 샘은 응원해. 하지만 부모님의 응원을 받고자 한다면 그 직업

을 통해 정말 만족하고 있고 모모의 선택이 틀리지 않았음을 증명해

야만 할 거야. 그러려면 모모가 더 많은 노력을 해야 하고 꾸준히 포

기하지 말고 끝까지 해나가야 해.

지금의 고민을 나눌 사람이 주변에 아무도 없어요

STORY 70

진로문제든, 공부문제든, 친구문제든 고민이 많은데
아무도 제 말을 들어주지 않을 것 같아요.

만약 모모의 주변에 모모에게 관심을 가져주고 모모의 가치를 알아봐주는 사람이 있다면 얼마나 좋을까. 주변에 그런 사람이 단 한 명도 없다고 생각하면 너무 속상하겠다. 하지만 정말 아무도 없니? 없을 거라고 미리 단정 짓고 모모만의 고민에 갇혀버린 것은 아닐까.

그렇지만 모모야, 모모 주변에 모모를 도와줄 사람이 없다는 것만으로 절망부터 한다면 모모는 시작도 하기 전에 백기를 던져버리는 선택을 하려 할 거야.

샘도 가끔 그런 생각을 해본다. 만약에 조금 더 어렸을 때 '내가 가지고 있는 재능을 부모님이, 선생님이 발견해주었다면 너무 많이 헤매지 않고 힘들어하지 않고 길을 잘 선택해서 왔을 텐데'라고 말이야. 하지만 결국 샘은 조금 늦더라도 마침내 깨달았고 그 작은 실마리라도 놓치지 않으려고 애를 썼던 것 같아. 정말 안타까운 것은 나이를 먹고 어른이 되어서도 그걸 깨닫지 못하고 사는 사람들이야. 자신이 어디로 가고 있는지도 모른 채 방황하고 갈등하고 아파하는 사람들 말이야. 아마도 샘은 그런 사람들에게 도움을 주고자 상담하는 일을 하고 있는지도 모르겠어.

모모도 정말 답답하고 어디로 향해 가야 할지 모르겠다면 상담을 받아보자. 물론 상담 선생님이 모모의 마음을 잘 헤아려주면 정말 좋겠지만 단번에 되지 않을 수도 있단다. 그 작업도 모모가 스스로를 알아가고자 하는 마음이 강해야 할 수 있는 거거든. 누군가가 자신의 목소리를 듣는 것도 어려운데 남의 목소리를 들어주는 일은 생각보다 어려운 일이야. 하지만 그렇게 모모가 자신의 이야기를 하다 보면 스스로 알아낼 수 있을 거야.

"선생님, 저는 이런 걸 하고 싶었나 봐요!"라고 말할 수 있게 될 거야. 그렇게 이야기하려면 정말 많은 고민을 해보고, 표현해야 해. 그렇게 표현하다 보면 조금씩 정리될 거야. 생각이 어렵고 진도가 나가지 않는다고 포기하지 말아야 해. 생각하는 것이 답답하다는 이유로 포기하게 되면 남의 생각이 네 생각인 것처럼 믿어버리게 될 테니까.

스트레스를
어떻게 풀죠?

게임도 하지 마라, TV도 보지 마라, 스마트폰도 그만해라,
저더러 어쩌라고요.

국내 모 대학의 연구진이 전국 여섯 개의 시도 중학생을 대상으로
심층면접을 했대. 그랬더니 중학교 때부터 행복감이 뚝 떨어지더래.
그 원인이 뭔가 했더니 학업에 대한 부담, 그리고 자유시간이 줄어들
어서라고 하네. 결국 진로에 대한 부담과 두려움이 모모에게 스트레
스로 이어진다는 건데, 중학교 때 시험을 잘못 보거나 실수를 하면
나중에 좋은 대학을 가지 못하고, 좋은 직업을 얻지 못할까 봐 불안
한 모모들이 많다고 해.

스트레스를 받으면 우리 몸은 도망갈 건지, 싸울 건지를 판단하고

행동한단다. 불안하고 위기감이 들면 싸워서 이겨내려고 하기보다 오히려 도망가는 게 편하고 쉽거든. 그래서 쉽게 모모의 뇌를 깨워서 자극을 주는 게임이나 TV, 스마트폰과 같은 재미를 추구하는 쪽으로 도망가려 해. 그런데 그것들은 스트레스를 해소해주기보다 잠깐 피해 있기 위한 수단이기 때문에, 어른들이 보기에는 모모가 공부를 하거나 자기관리를 하는 절대적 시간을 뺏는다고 여기지. 실제로 그렇기도 하고.

스트레스는 푸는 게 아니라 관리하고 조절하는 거야. 살면서 사라지지 않는 거니까. 몸과 마음, 머리를 혹사시키지 않는 방법을 생각해보면 좋겠어. 그런 것들을 절대 하지 않아야 하는 게 아니라 다른 방법들도 있을 거라 열린 마음으로 시도해보는 거지.

땀에 흠뻑 젖게 농구나 축구 같은 운동을 하거나, 노래방에서 목이 쉬도록 노래를 부르거나, 못 쓰는 종이를 갈기갈기 찢어보거나. 좀 더 생산적인 활동이라면 묵은 먼지를 털어내는 방 청소를 한다던가, 모모의 꿈을 자극하는 영상자료를 찾아보는 건 어떨까.

'나 진짜 스트레스 받았다! 그래서 지금 이런 거야. 이 행동을 하고서 스트레스를 날려버리는 거야!'라며 모모의 뇌에게 외쳐줘. 의식적으로 이런 행동을 하면 스트레스는 잦아들고 편안해질 거야.

저는 **내성적**이라
직업을 갖기
어려울 거예요

저는 소극적이고 남 앞에서 말을 잘 못해요.
항상 손해 보는 것 같지만 타고난 성격이라 어쩔 수 없어요.
사회에서 직업을 가지려면 좀 더 적극적이어야 한다는데
저는 안 되겠죠?

　　물론 사회는 외향적이고 활발한 사람들이 살아가기 편리해. 적극적인 행동력으로 어디서든 먼저 돋보이니까. 하지만 내성적인 사람도 자기만의 생존방식을 가지고 있어. 내성적인 사람들이 항상 불행하거나 우울하지는 않아. 다른 사람이 보기에 너무 소극적이라고 오해받을 수 있지만 그것이 내성적인 성격의 전부를 설명한 것은 아니거든.

성격은 타고나는 부분도 있다고 해. 성격을 근본적으로 바꾸거나 전혀 다른 사람으로 살아갈 수는 없어. 초등학교 때는 소심했는데 어른이 되어서 적극적이고 외향적이 되었다고 하는 사람들이 있는데 그건 성격이 바뀌었다기보다 세상과 환경에 잘 적응했다고 해석해야 해. 결국 자기 자신을 잘 이해해야만 어떤 성격이라 하더라도 세상을 잘 살아갈 수 있다는 의미지.

외향적인 사람들만 적극적일 것 같지? 내성적인 사람들도 신중한 생각 끝에 확신을 가지면 적극적으로 행동한단다. 외향적인 사람들만 자기주장을 펼치고 말을 잘하는 것 같지? 자기 말을 잘하려면 남의 말을 잘 들을 줄 알아야 하는데, 내성적인 사람은 우선 '듣는 귀'를 가지고 있어서 잘 듣고 난 뒤에 자기 말을 하는 차이를 가졌을 뿐이란다. 그러니까 내성적이라고 직업을 갖기 어렵지는 않아.

성격에 따른 직업 적성

사람의 성격에 따라 직업의 적성을 판단할 수 있다. 흔히 학자, 연구원, 예술가, 기술자, 사무원 등은 내성적인 성격이 잘 맞는 직업군이고 정치가, 관리자, 세일즈맨, 상인, 교사 등은 외향적인 성격이 잘 맞는다고 한다. 그러나 반드시 그렇지만은 않다. 외향적인 성격으로 성공하는 학자도 있고 내향적인 성격으로 세일즈맨에 성공하는 사람도 있다. 혼자 꾸준히 연구하는 타입의 연구원들이 주로 많지만 여러 사람이 모여 공동의 연구를 하고, 성과를 내는 것을 좋아하는 외향적인 사람도 있다.

여기 외향적인 A가 있다. 그리고 내향적인 B가 있다. A는 언변이 좋고 센스 있으며 사람들과 잘 어울리고 행동이 빠르다. 누군가의 부탁에도 넉살 좋게 대처하고 주변에 항상 사람이 많다. 반면 내향적인 B는 A와 같은 세일즈맨 일을 한다. 항상 차분하고 말수도 적고 행동도 느려 둔하다는 평가도 받는다.

그런데 어느 날, A의 영업실적을 B가 추월해버렸다. 이유는 외향적인 A는 고객의 환심을 사기 위해 허황된 말을 많이 하고, 지킬 수 없는 약속을 했기 때문에 고객의 신용을 잃어 거래가 끊기는 경우가 많았다. 반면 수수하고 느릿느릿한 B는 항상 친절하고 인간적이며 고객의 입장을 생각하고 배려하며 일했다. 진지하게 고객의 안부를 묻고 성실하게 일하는 데에서 고객의 신용을 얻었다. 세일즈는 상품을 파는 데 주력하기보다 인간적 매력을 파는 일일 때 성과가 나온다.

결국, 개인의 성격이 직업적 환경과 특성에 잘 들어맞느냐로 직업적 성공을 가늠해볼 수 있지만, 오히려 개인이 환경에 얼마나 잘 적응하느냐로 직업적 성공을 판단할 수 있다. 중요한 것은 자신의 성격이 어떤 타입인지를 알고 성격적 강점을 직업 안에서 활용하는가이다.

왜 어른들은 내 생각을 무시하나요?

엄마 아빠랑 대화가 되지 않아요.
무슨 말을 하려고만 하면 쓸데없는 소리 하지 말래요.

어떤 모모가 상담실에 와서 입을 꾹 닫고 있는 거야. 질문을 해도 '네, 아니오'로만 대답하고 자기 이야기를 하지 않으려 했어. '샘도 어른이잖아요. 내 마음 절대 모를 거예요!' 아마 모모는 그런 마음이었나 봐. 샘이 모모의 나이였을 때 어른들이 너무 쉽게 '세상 정말 좋아진 거야. 우리 때는 훨씬 어렵고 힘들었어. 공부만 하면 되는데 왜 쓸데없는 걱정을 해?'라고 얘기하곤 했어. 그땐 샘의 고민을 무시하는 게 속상해서 아예 얘기를 하지 말아야겠다고 생각했던 적이 있었어.

그래서 모모의 마음을 이해하려고 노력했어. 그랬더니 한참 후에야 마음을 열고 대화를 할 수 있게 되더라.

개구리 올챙이 적 생각을 못한다고 하잖아. 아마 부모님들도 모모의 시절이 있었고 그 시절에는 참 많이 힘들고 답답하다 생각했던 것들이 시간이 지나면서 세상을 겪어보니까 어린 날의 고민은 고민도 아니라고 생각하게 되었나 봐. 어른이 되면 더 많은 고민과 걱정을 끌어안고 살아야 한다면서.

그런데 한 가지 분명한 것은 부모님은 모모가 생각하는 것 이상으로 모모가 덜 아프고 덜 상처받는 세상에서 살아가기를 바라면서 남 부럽지 않은 환경에서 많은 것을 누릴 수 있기를 바라신다는 거야. 모모를 무시하려는 게 아니라, 모모가 고민에서 해방되어서 모모의 행복한 미래를 위해 값진 투자를 하라는 마음이 깔려 있어서인 거야. 비록 표현이 거칠거나 차갑게 느껴지더라도 부모의 마음은 자식이 생각하는 것과는 달라. 그 입장을 이해하려면 '부모가 되어봐야만 알 거다'라는 말을 들어봤을 거야.

10대의 모모들은 어른들의 사고방식이 틀에 박히고 고집스럽고 권위적이고 다른 생각을 수용하려 하지 않는다는 편견을 가지기 쉬워. 혹시 그런 편견 때문에 지레 겁을 먹고 부모님과의 대화를 피하기 위해 모모의 주변에 튼튼한 성벽을 쌓아올리지는 말자.

정말 저는
중독됐을까요?

저만 그런 거 아니에요,

다른 애들도 게임하고 스마트폰, TV 붙잡고 사는걸요.

재미있지? 컴퓨터 게임, 스마트폰, TV, 인터넷. 샘도 그래. 그게 재미있는 걸 알아. 하지만 거기에 빠져들면 빠져나오기 어렵다는 것 또한 알아. 아주 깊은 우물이거나 늪 같아서 주변에 도움을 구하더라도 빠져나오기 어렵지. 더군다나 "지금 위험해!"라고 주변에서 아무리 이야기하더라도 스스로 빠져들었다고 인정하기 어려운 게 바로 그것들이야.

어른이 되면 더 유혹적인 것들이 많지. 술, 담배, 약물 혹은 도박까지. 아이보다 어른이 통제력이 있을 것 같지만 중독을 일으키는 것들에는 속수무책으로 당하기도 해. 중독인지 아닌지를 점검해볼까?

- 해야 할 일이 있는데도 ○○에 대한 생각 때문에 집중할 수가 없다.
- 한 번 붙잡으면 마음먹은 대로 그만둘 수가 없다.
- 잠도 자지 않고 먹지도 않고 그것에만 빠져들어 있다.
- ○○을 할 수 없게 되면 불안해서 견딜 수가 없다.
- 대화의 대부분이 ○○에 대한 이야기다.

여기에 해당되지 않는다고 중독이 아니라서 다행이라고 생각하면 곤란해. 다행히 모모가 얼마든지 ○○을 스스로 조절할 수 있다는 거니까 조금 희망적이다. 만약 모모의 주변에서 모모가 중독될까 봐 걱정하는 말을 종종 들었다면 중독 가능성이 다분히 있다는 거야. 그것들은 매우 위험해서 자칫 방심하면 모모에게 악마의 손길을 뻗을 거야. 그러니까 모모가 그것들에게 잡아먹히지 않도록 먼저 방어철책을 그어놓도록 해. 방법은 다음과 같다.

- '내가 빠져 있구나' 하고 인정한다.
- '정해진 시간 내에만 해야지' 마음먹었으면 시간이 됐을 때 주저없이 꺼버린다.
- 자꾸 하고 싶은 마음이 들면 눈을 감고 생각을 지우는 연습을

한다.

- 주변 사람들한테 말하고 칭찬받는다. '내가 게임을 계속 하고
  싶은 마음이 있지만 나는 잘 조절할 수 있어!'
- 생산적인 다른 활동에 집중한다. 책을 읽거나 운동을 하거나.

    얼마든지 조절하고 통제할 수 있다면 모모는 중독까지는 아니고
재미에 폭 빠져든 거겠지만…. '이제 그만 해야겠어'라고 마음을 먹어
도 잘 되지 않는다면 중독을 걱정하고 더 늦기 전에 이제 그만 멈춰
보자.

저는 눈치를
너무 많이 봐요

집에서 부모님 안색을 살피고 친구들이 저에 대해
어떻게 생각할지 몰라 계속 친구들 말에 맞추려고 해요.

다른 사람의 평가에 민감하면 그래. 다른 사람이 나를 좋게 보는

지 그렇지 않은지, 나를 인정하는지 인정하지 않는지 살피는 거야.

샘도 다른 사람이 나를 어떻게 생각할까 굉장히 예민하게 생각했던

적이 있어. 너무 답답해서 눈치와 관련한 책을 막 뒤져봤단다. 그랬

더니 알게 된 사실이 있어.

사람은 원래 태어나면서 눈치를 보는 게 본능이라는 거야. 아기가

태어나면 말로 자신의 마음을 표현하지 못하니까 울음으로 '배가 고

프다', '졸리다', '응아를 해서 불편하다'고 표현하잖아. 그러면 엄마는

아기의 행동에 따라서 젖을 물리거나 재워주거나 기저귀를 갈아주지. 아기들은 '어떤 울음소리를 내야 엄마가 반응하는구나'를 눈치껏 알아챈다는 거야. 타고난 눈치라는 거지. 그래서 눈치를 빨리 채고 적절한 행동을 하는 게 살아남기 위해 필요한 건데 오히려 눈치 채는 것을 넘어서서 너무 과하게 눈치를 본다던가, 너무 둔감해서 눈치가 없는 건 살면서 문제가 된다는구나.

적절하게 눈치껏 행동하고 자신의 행동에 변화를 주면 센스 있다고 볼 수 있지만 과하게 눈치를 본다면 본인이 힘들겠지. 미움받고 싶지 않아서 그런 건데 사실은 모모가 눈치를 계속 보는 모습으로 인해서 미움받을 수도 있어. 너무 위축되어 있거나 자신 없는 태도 때문에.

가장 필요한 건 모모가 스스로를 더 사랑해주는 거야. 다른 사람이 나를 어떻게 볼지 걱정하고 다른 사람의 기대에 부응하려는 움직임 대신에 '내가 지금 이 순간을 즐기고 있나?', '내가 최선을 다했나', '다른 사람이 나를 어떻게 생각하든 나 자신이 중요해!'라며 스스로 질문하고 자신감을 갖도록 주문을 외우는 거야. 어느 날 갑자기 그렇게 생각하고 주문을 외운다고 단번에 눈치 보지 않고 당당해질 리는 없지. 다만 그렇게 눈치 보지 않아도 사람들이 모모를 나쁘거나 못났다고 생각하지 않는다는 것을 모모가 알아채야만 해. 그러면 조금은 마음이 편안해질 거야.

저는 정말
중2병일까요?

저도 제가 왜 그런 행동을 하는지 모르겠어요.
가끔은 화가 나서 미칠 것 같고요.
내 마음은 그렇지 않은데 말이 세게 나와요.
아무것도 하기 싫은데 잔소리라도 들으면 더 하기 싫어요.

　요즘은 사춘기를 넘어서서 중2쯤 되면 심하게 몸부림을 치는 때
가 오게 되지. 몸은 자라는데 마음이 자라는 속도가 따라주지 않아서
그래. 중학교 2학년 즈음 되면 사춘기의 자아가 만들어지면서 혼란
을 느끼고 불안정한 심리상태 속에서 그전까지 하지 않던 반항, 일탈
행동들이 튀어나와. 중2병이라는 말은 1999년 일본에서 탄생했는데
우리나라에 전해지면서 사춘기보다 더 압축된 특징을 꼬집어서 치

료를 받아야만 하는 병처럼 여기게 된 거야.

모모의 부모님들은 안 겪었을까? 아니지. 당연히 그 시기가 있었겠지. 겉으로 표출되어서 불만과 짜증을 폭발적으로 보이거나 우울한 기분에 굴 파고 들어앉아 말하기를 거부하는 그때를 어른들도 겪었단다. 그런데 희한한 건 딱 1년을 그렇게 보내고 나면 알아서 굴밖으로 나온다는 거야. 나와서 또 변함없이 학교생활을 하고 일상생활을 하는 거지.

사춘기 시절에 뇌의 발달이 폭발적으로 일어난다고 해. 왜 우리몸은 뇌가 지배하잖아. 천천히 발달단계에 맞춰서 성장하고 발달해오던 것들이 급작스럽게 폭발적으로 일어나니까 모모의 몸과 마음은 모모의 것이 아닌듯 느껴질 거야. '왜 이런 행동을 했을까?', '왜 이런 마음일까?' 스스로도 이해하기가 어려우니까.

분명한 건 그 시기는 때가 되면 지나간다는 거야. 폭발적으로 발달하는 단계가 지나면 안정되는 시기가 올 거고 그때서야 모모도 편안하게 세상을 바라보게 될 거야. 이때를 잘 견뎌내는 것, 그리고 함께 견뎌줄 사람이 필요할 텐데 그때에는 진심을 다해 도움을 요청해보는 것도 좋겠지.

그런데 만약 지금 견디기가 어렵고 자꾸 주변 사람들과 마찰이 일어난다면 샘이 제안하는 방법을 사용해보자. 빈 연습장을 하나 꺼내도록 하자. 모모에게 떠오르는 감정을 표현해 봐. 글씨로 써도 괜찮고, 그림으로 그려도 괜찮고, 색깔로 표현해도 좋아. 괴물의 형상을 그려도 되고 욕을 써도 돼. 그래도 감정이 가라앉지 않으면 밖으로 나가 빈 운동장을 달려보자. 모모가 낼 수 있는 최고의 속력으로 목청껏 소리라도 지르면서. 심장이 터질 것처럼 빨리 뛰어서 머릿속에 아무 생각도 나지 않게. 그러면 조금은 상쾌해질 거야.

어떻게 하면
행복해질 수 있나요?

STORY 77

내가 하는 일 자체로 행복을 느낄 수 있을까요?
행복한 직업인으로 살고 싶어요.

상담을 할 때에 내담자들은 각자 이루고 싶은 소망이 있단다. 그걸 상담목표라고 해. '성적을 올리고 싶어요', '친구와 잘 지내고 싶어요', '부모님이 싸우지 않았으면 좋겠어요', '학교생활이 힘들어요' 등 모모들이 주로 이야기하는 내용들이 있어. 그러면 '성적향상 방법 습득', '또래관계 개선', '가족관계 개선', '학교생활 적응'과 같은 상담목표를 잡고 상담을 진행한단다. 그런데 모모들의 깊은 마음속에 '선생님, 저는 이런 게 고민인데요. 이런 고민을 떨쳐내고 좀 더 행복하게 살고 싶어요!' 이렇게 말하고 있는 걸 알아.

행복이 '기쁘고 즐거운 감정'이라고만 생각하면 곤란해. 게임에서 이기거나, 맛있는 음식을 먹고 예쁜 옷을 사고 시험성적이 오르면 기분이 좋아지잖아? 그런데 '좋은 기분'은 오래 가지 않아. 좋은 기분을 유지하려면 계속 뭔가 새로운 자극이 필요한데 가끔 그 자극을 얻지 못해서 불편함을 느끼기도 해.

행복하다는 건 순간적인 감정이 아닌 거야. 때로는 기쁘고 때로는 즐겁고 때로는 불편하고 때로는 우울한 감정들은 누구나 느낄 수 있어. 무엇보다 '내가 지금 그런 기분을 느끼고 있는데 그런 걸 느껴도 괜찮아. 살 만해'라고 아는 것이 중요한 거야. 고민하고 괴로울 수 있지만 주관적으로 '나는 괜찮아'라고 느끼면서 내 인생에 '만족하는 것'이 행복이란다.

'행복한 직업인'이 되고 싶다고 했지? 직업인으로서 만족하려면 모모에게 무엇이 필요한지부터 알아야겠지. 꼭 조건이나 수단이 필요하다고 여기지 말고 만족스러움, 행복한 감정을 오래 유지하려면 모모는 어떻게 살아야 할지 고민해봐야 할 거야.

'저는 행복한 사람입니다'라고 말하는 사람들은 공통점이 있어. 자신의 일을 사랑한다는 것, 주변 사람들과 잘 어울려 소통한다는 것, 값진 노력을 통해 성취한다는 것, 돈을 많이 버는 것을 넘어서서 나눌 줄 안다는 것 등이야. 아마 모모도 그렇게 살고 싶지 않을까?

괜찮은 삶이란
어떤 삶일까요?

잘 사는 게 중요하대요,
그런데 잘 사는 게 돈을 많이 버는 건 아니잖아요,
어떻게 살아야 하나요?

어른들이 말하는 '좋은 삶', '괜찮은 삶'이 뭘까? 모모의 꿈을 대신 꾸어주겠다고 하면 모모는 "감사합니다! 꿈을 고민하는 것도 괴로운데 대신 꿔주신다니 얼마나 기쁜지 몰라요"라고 할까? "요즘 뜨는 직종이 이거야"라고 하면 팔랑귀가 움직여주는 대로 영어공부를 해야 하고, 수학공부를 해야 하고, 자격증을 취득하기 위해서 움직이면 될까? 출세하지 않으면 자존심이 용납해주지 않아서 살기가 어려울까? 유명해지고 싶은데 무명의 삶을 살면 지치고 외롭고 괴롭기만 할까?

그래, 성공한 삶이란 자기만의 그릇을 키워서 원하는 대로 성취하는 거야. 하지만 실패만 하는 인생이라며 좌절할지 몰라도 시간은 흘러서 우리 모두를 그만큼 걸어가게 한단다. 그래서 돌아보면 비록 직선코스로 초고속으로 승승장구하지 않았다 해도 방향만은 올바르게 모모가 생각하고 상상했던 것보다 잘 건너왔을 거야. 그러려면 묵묵히 자신의 역할을 잘 수행하는 것도 필요하단다.

아마 앞으로 계속 경쟁을 하게 될 거야. 경쟁하면 20퍼센트는 안착하고 80퍼센트는 탈락하겠지. 탈락하게 되면 선택받지 못했다는 절망감이 생길 수 있고, 주인공이 아닌 주변인이 됐다는 이유만으로 불안해하고 어떻게 하면 경쟁에서 이길까 고심하게 될 거야. 그래서 차라리 경쟁의 대열에서 벗어나 '자기만의 삶'을 살라고도 해. 멋진 말이지. '자기만의 삶'이라니. 눈에 보이는 타인과의 싸움이 아닌, 자기와의 싸움은 더더욱 고독한 법인걸. 그래서 자기와의 싸움인 '자기만의 삶'을 살아가는 작업은 더더욱 쉽지 않아. 그래서 자꾸 비교하고 경쟁하는 거야. 실패가 성공의 어머니였다고 많이들 말하는데 실패하면 다시 회복할 수 없을 것 같은 두려움 때문에 '실패하면 끝장이다'라고 생각하는 사람도 많지.

역시 샘이 답을 주기는 어려울 것 같아. 모모가 '괜찮은 삶을 살고 싶다'는 바람에서 시작해서 오늘을 열심히 살아가는 것이 최선이라고 말해줄 수밖에. 아마 세상의 이치를 깨달은 이들도 그렇게 얘기할 거야. 그러니 오늘을 열심히 살자.

꿈 얘기는
하고 싶지 않아요

꿈을 발표했는데 웃음거리가 됐어요.
그 이후로 사람들에게 꿈 얘기를 하지 않아요.

진로워크숍을 하던 날이었어. 스무 명의 모모들이 모여서 자기만
의 이야기를 만들어서 모두 앞에서 발표를 했지. 어떤 모모의 발표에
다른 모모들이 크게 웃었어. 한 명은 판사가 되어서 세상에 정의를
실현하는 사람이 되고 싶다고 했어. 아주 어렸을 때는 슈퍼히어로가
꿈이었다고 하고. 또 한 명은 좋은 엄마가 되는 게 꿈이래.

판사가 되고 싶다고 했던 모모는 매일 수업시간에 잠을 자고 공부
와는 담을 쌓은 아이였지. 판사가 되려면 법학을 전공하거나 법률대
학원에 가야 하잖아. 그러려면 남들이 쉽게 넘지 못하는 높은 관문을

뛰어넘어야 하는데 좀처럼 아무 노력도 의지도 보이지 않으니 다른 아이들이 듣기에 허무맹랑하게 들렸나 봐. 발표한 모모도 머쓱해졌는지 "왜! 내 꿈인데 비웃냐!"라고 했어.

좋은 엄마가 되고 싶었던 모모의 꿈은 아이들이 생각하기에 빨리 결혼해서 아이 낳고 살고 싶다는 얘기로 들렸나 봐. 다른 모모들의 발표처럼 멋진 직업이 아니라 시시하게 여겨진 모양이야. 귀까지 새빨개진 모모의 마음이 어떨까 싶었어.

샘은 두 명의 모모에게 꿈을 꾸게 된 사정이 있다는 걸 나중에 알게 됐어. 가족 중에 억울한 일을 당해서 가해자가 벌을 받지 않는 것을 본 모모의 마음속에 사회에 정의라는 게 있어서 공정하게 판단해 줄 사람이 판사라고 생각했던 거야. 슈퍼히어로가 될 수만 있다면 마음껏 누비면서 나쁜 사람들을 혼내줄 텐데, 그런 환상에서 깨어나 현실에 맞는 꿈을 꿔본 거야. 하지만 모모가 판사가 되겠다는 꿈을 이루려면 그저 상상만으로는 될 수 없는, 부단한 노력이 필요하다는 것을 깨우쳐야만 할 거야. 그래서 비록 다른 아이들 앞에서 웃음거리가 되었더라도 더 절실하게 꿈을 키워가는 게 필요하겠지.

좋은 엄마가 되고 싶은 모모는 어릴 때 엄마가 집을 나가서서 어린 나이에 동생을 돌보면서 밥, 빨래, 청소 같은 살림을 도맡아서 해 왔대. 그런데 정작 모모는 엄마의 따뜻한 손길과 사랑을 받지 못했으니 많이 외롭고 힘들었을 거야. 너무 일찍 어른의 역할을 해야 했는데도 엄마를 원망하거나 미워하기보다 오히려 좋은 엄마가 되고 싶다는 모모의 꿈, 그게 가치 없는 꿈이라고 누가 판단할 수 있겠니?

아직도 많은 모모들은 진로나 꿈에 대해서 선입견을 가지고 있을 거야. 남 보기에 부끄럽지 않은 멋진 꿈을 가져야만 한다고. 때로는 앞뒤 사정을 다 설명하지 못했을 때 이해되지 않는 꿈이 있을 수 있는데 너무 쉽게 '멋진 꿈'과 '아닌 꿈'으로 판단하면 곤란하지. 다른 사람의 평가 때문에 모모의 꿈을 스스로 무시하지는 말자. 모모의 꿈을 스스로 가치 있게 생각하고 가꿀 수 있어야 해.

원하는 직업을 가지면 행복할까요?

저는 아직 어려서 미래가 결정되어 있지 않잖아요.
결정된 게 없으니까 혼란스럽고 방황하게 되는 거죠?
과연 원하는 직업을 가지게 되면 행복해질까 생각해요.

아니. 안타깝지만 원하는 직업을 갖는다는 것만으로 행복하진 않
단다. 샘은 원하는 직업을 가졌고 그 일을 하며 살아가지만 일을 하
는 동안 짜릿하고 보람을 느끼는 순간은 아주 짧아. 강의를 하기 위
해 준비하는 시간은 길고 고되기도 하고, 강의를 하는 동안 뜻대로
되지 않을 때도 있고 항상 교육생들의 평가에서 자유롭지 못하거든.
상담을 할 때도 마찬가지야. 그저 다른 사람의 이야기를 들어주는 것
이 별 거 아닌 것 같지만 굉장한 집중을 해야 하고 어떤 반응을 해야

내담자에게 도움이 될지 고민하면서 경청하는 것 또한 에너지를 어마어마하게 쓰게 된단다. 그래서 상담을 오래 하고 난 저녁에는 피로가 심해서 울적할 때도 있어. (물론 샘보다 숙련된 분들은 그렇지 않을지 모르지만.)

〈미생〉의 만화가 윤태호 님도 그렇다더라. 그분의 만화는 스토리가 탄탄해서 마니아들이 많고 몇몇 작품은 영화와 드라마로 만들어졌잖아. 그분은 항상 만화를 그릴 때, 신경이 예민해지고 몸도 아프다고 해. 다만 만화를 그리며 보람된 것은 만화가가 되기 전보다 만화를 통해서 자신에 대해 깨닫고 자신만의 이미지를 만들어간다는 것이라는데 그 말에 샘도 동감한단다.

일상의 작업은 고통스러울 수 있지만 자신의 존재 가치가 높아질 수 있다면 직업인으로서의 삶 자체는 행복한 것이라는 의미인 거지. 그래서 샘은 돈이 많고 마냥 놀고먹는 것이 행복한 삶이라고 생각하지 않아. 고통스럽고 괴로운 순간에도 자신이 살아 있다는 느낌을 갖는 것, 그래서 직업을 가지는 것이 아주 큰 의미가 있다고 생각해.

원하는 직업을 갖는 것만이 행복한 건 아니란다. 직업을 가지고 모모의 삶을 더 풍요롭게 만들어주는 의미를 되새기며 살아가야 행복을 느낄 수 있을 거야.

인정받고 싶어요,
그리고 사랑받고 싶어요

인정받고 싶은데 엄마는 저를 인정해주지 않아요.
그게 뭐 그렇게 어려운 일이라고….
그런데 점점 인정받는 데 집착하게 돼요.

어떤 모모가 그런 말을 하더라. 모모의 엄마가 혼잣말처럼 그런 말을 하더래.

"너만 아니었으면 내 인생이 이렇게 되지 않았을 텐데."

처음에는 그 말을 이해하지 못했대. 그런데 그 말이 자꾸 떠오르면서 혼란스러워지더래. 모모의 부모님은 결혼생활이 처음부터 순탄치 않았대. 부부 사이가 좋지 않으니 엄마는 이혼을 하고 싶었는데 모모가 너무 어려서 이혼을 하지 못했다는 거야. 엄마는 이루고 싶은 꿈이 많았지만, 아이를 키우고 주부로서 살아가는 것을 택할 수밖에 없었는데, 아빠와 사이가 안 좋을 때 그런 말이 튀어나왔던 거야. 그래서 모모는 엄마가 속상할 만한 행동을 절대 하지 말아야겠다고 마음먹었대. 엄마의 삶을 대신 살기로 한 거야. 하지만 아무리 노력해도 엄마는 마음에 들어 하지 않으셨다고 해. 모모의 엄마는 모모가 성취하는 삶을 살기를 기대했지만 자신의 불행을 모모에게 덧씌워 버리게 된 거야.

모모야, 다른 누구 때문에 자신의 인생을 망치게 두면 안 된다. 모모의 삶을 누구 때문에 이렇게 망가졌다고 남 탓하며 내버려 두지 않았으면 좋겠어. 샘은 그렇게 되지 않기를 진심으로 바란다. 왜 그러냐는 질문도 부질없어. 모모는 분명, 존재만으로 가치 있으니까.

모모야, 너 스스로를 아껴주렴. 사랑해줘도 괜찮아. 샘도 정신없이 배우고 일하고 사람들과 나누는 것의 기쁨을 느끼면서 성장해왔다고 믿었는데, 어느 날 뒤돌아보니 내가 찍어온 발자국의 흔적이 흐릿해져 있는 것 같아서 혼란스럽더라고. 어른도 그래. 내가 제대로 잘해온 것 맞나 싶은 생각이 들어서 말이야. 힘들겠지만 아픈 시간도 견딜 수 있어야 한다. 어른이 되어서도 완벽하지 않아. 그저 그런 척할 뿐이지. 그러니 모모 너는 무언가에 흔들릴 수 있다는 것을 먼저 알고 조금은 더 너 자신을 아껴주렴. 아직은 누가 대신 아껴주고 사랑해줘야 한다고 생각하지만, 너 스스로가 자신을 어떻게 바라보고 있는지가 가장 중요해.

작고 초라한 존재로 생각하면 그 자체가 네가 되어버려. 그걸 원하지는 않지 않니? 전등이 깜빡깜빡하면 주저 없이 전등을 갈아 끼워줘야 해. 스스로를 소중하게 다루지 않으면 너의 주변 사람들도 너를 소중하게 생각하지 않고 함부로 대할 거야. 네가 베푸는 배려도 당연한 것처럼 여길 거야. 그리고 고마워도 하지 않을 거야. 만약 누군가에게 인정받고 싶다면 너 자신을 먼저 아끼고 사랑하도록 하자.

이제 뭔가를
다시 시작하기에는
늦었어요

중학교 올라와서 적응하기가 어려웠거든요.
학기 초부터 방황했더니 지금은 너무 멀리 와버렸어요.

우리의 삶은 컴퓨터 리셋(reset) 버튼을 누르는 것처럼 종료했다가
바로 다시 시작할 수는 없어. 실수를 하거나 좌절을 하거나 괴로워지
거나 아파하다가 살아가는 방향이 종종 흔들리는 거야. 자꾸 뒤엉켜
버리는 것 같으니까 이제 다 그만두고 다시 시작하고 싶다 했는데 불
가능하지. 왜냐면 잊어버리고 싶은데 자꾸 기억나고, 얽히고 싶지 않
은데 자꾸 상황과 사람에게 치이니까.

하지만 모모의 나이일수록 좀 더 가볍게 시작할 수 있어. 늦었다
는 말이 핑계처럼 들릴 수 있는 것처럼. 지금이 아니면 나중에는 더

어려울 거야. '그냥 없었던 일로 치고 다시 해보자' 라고 하고 싶지만 잘 안 되지? 그래, 안 될 거야. 누구라도 쉽게 풀린다고 말할 수 없어.

'그래, 내가 끼운 단추가 조금 어설펐지, 잘못된 시작이었어'라고 먼저 받아들여 봐. 그러고 나서 이대로 계속 가고 싶은지, 아니면 변화를 주고 싶은지, 스스로에게 물어 봐. 어때? 마음의 소리는 '지금이어야만 해'라고 외치고 있을걸.

샘은 걱정돼. 모모가 모모의 마음을 들여다보지 않아서 훗날 어른이 되었을 때 모모 스스로를 어르고 달래주지 않은 걸 후회할까 봐. 마음의 무거운 짐을 짊어지고 달라지고 싶을 때 달라지지 않은 것인데, 공연히 엉뚱한 사람에게 화풀이할까 봐.

모모의 인생시계는 고작 새벽 어스름이 피어오르는 때인걸. 사계절 중 새싹이 움트는 이른 봄이니 다시 시작하지 못할 게 뭐야. 대신 혼자 할 힘이 없다면 모모의 마음을 알아줄 주변 사람을 꼭 찾아보자. 모모의 작은 마음을 어루만져줄 단 한 사람이면 돼. 물론, 샘에게 손 내밀면 언제든 OK!

빨리 어른이 되고 싶어요

아직 어리다는 이유로 할 수 있는 게 너무 없어요.
나는 좀 더 자유롭고 싶은데.

　　어른이 되면 모든 것이 자유로울 것 같지? 학교의 꽉 막힌 규칙을
지킬 필요도 없고 부모님의 간섭도 받지 않을 거고. 어른이 되면, 그
리고 자유를 얻으면, 그만큼 자기 인생에 책임져야 하는 것이 많아진
단다. 어른이라는 옷을 입으면 엄청난 무기를 장착한 듯 보이지만 어
른스럽지 못한 어른이 많아서 그 또한 부담스럽다면서 평생 어린아
이 같은 마음으로 살고 싶다는 어른들도 있어.

　　학창시절에 샘도 모모처럼 생각했어. 좀 더 빨리 20대를 뛰어넘어
서 30대가 되고 싶다고. 법적 성인 기준에 해당하는 만 19세가 된다

고 해서 '이제부터 어른'이라는 느낌은 없을 것 같았거든. 서른쯤 되면 안정적으로 자기 삶을 꾸려낼 수 있을 거라고 믿었던 거지. 30대에 정말 그렇게 살았느냐고? 시행착오도 있었지만 20대의 불안정함은 줄어들고 괜찮게 살고 있는 건 맞는 것 같아.

어른의 삶은 그래. 나이가 들어서 누구나 어른이 되지만 어른다운 어른이 되기는 쉽지 않은 것 같아. 모든 어른들이 모모와 같은 시절을 겪었고 괜찮은 어른이 되고 싶다 생각했는데 뜻대로 되지 않아서 '꼰대'의 옷을 장착하는 거거든. 물론 그들은 인정하지 않겠지만.

많은 어른들이 모모의 시절을 그리워한단다. 그때 참 좋았다고, 순수한 꿈을 꾸면서 순수한 친구들과 우정을 쌓고 미래를 마음껏 그려보는 그 시절이 가장 자유로웠다고. 물론 공부에 대한 압박과 학교라는 울타리에 숨막혀하기는 했지만, 더 넓은 세상에서 요구하는 책임과 역할에 대한 부담을 느끼지 않아도 되어서 그 시절이 가장 행복했다고 해. 그래서 "그 시절이 가장 행복한 때야. 그러니 마음껏 즐겨라"라고 하는 거지. 이렇게 말해도 모모는 의아할까?

그래. 그럼 우리 이렇게 상상해보자. 모모가 깊은 잠을 자고 일어나니까 어른이 되었다고. 몸이 자라고 나이를 먹어서 20대, 혹은 30대의 어른이 되었다고. 어떤 모습이었으면 좋겠니? 어떤 어른이 되고 싶은지를 상상해보자. 어리기 때문에 할 수 있는 일이 적다고 했는데 어른이 되어 하고 싶은 일도 구체적으로 생각해보는 거야. 설마 법을 어기거나 남에게 해를 끼치는 일은 아니겠지? 자유롭고 싶다고 했는데 자유에 대한 책임도 질 줄 알아야 해.

　자, 그러면 이제 어른이 되기 위해서 무엇이 필요할까. 어떤 삶을 살아야 할지를 생각해보렴. 재밌게 살 거라는 말은 너무 막연해. 좀 더 구체적으로 그림을 그려야 해. 생생하게 미래를 그릴 줄 알아야 더 멋진 삶을 살 수 있다고 하니까 말이야.

미래요?

어떻게든 되겠죠!

요즘 세상은 너무 위험해요,
그래서 내가 언제 죽을지도 모르는데 뭐 하러 그렇게
열심히 살아야 하나요?

하긴, 그렇게 생각할 수 있겠다. 샘이 아는 분 중에 매일 운동하
고 먹는 것도 유기농으로만 챙겨 먹고 건강관리를 열심히 하셔서 '정
말 오래 살겠다' 생각하던 분이 있었어. 그런데 어느 날 암에 걸렸다
는 소식을 전해 듣고 너무 놀랐어. 아무리 노력하고 준비하고 살아도
결국 닥치는 현실은 불행하고 힘들어질 수 있겠다는 걸 깨달았지. 그
래서 그분이 어떻게 되었느냐고? 암 진단에 좌절하지 않고 더 긍정
적인 생각을 가지고 인생을 즐겁고 편안하게 살기로 했대. 자기 삶을

돌아보는 계기도 되고. 갑자기 찾아온 불행이지만 불행이라 여기지 않기로 했더니 삶이 더 편안해졌다고.

모모가 이야기하는 미래에 대해 '될 대로 되라'고 한다면 모모가 한 번 살아야 하는 인생을 그냥 흘러가도록 방치하겠다는 말과 다름없지. 자연스럽게 사는 것과 막 살겠다며 방치하는 것은 다른 의미거든. 미래를 위해 차곡차곡 준비하는 삶의 뒤에 어떤 삶이 펼쳐질지는 아무도 몰라. 하지만 모모가 생각하고 느끼고 즐기는 이 순간이 가장 중요한 거야.

너무 열심히만 살지 않고 자연스럽게 살고 싶다면 정말 모모가 순간적인 쾌락만을 위해서 사는 것이 아니라, 모모가 뭘 원하고 바라는지를 정확히 알고 모모가 보람을 느끼면서 행복해질 수 있도록 현명한 결정을 해나가는 게 좋을 거야. 그저 하루하루를 살아가는 것이 모여서 삶이 되지만 '어떻게' 살아갈지 의미를 찾는 것도 굉장히 중요하거든.

2차 세계대전 당시 유태인 학살이 있었잖아. 인종이 다르다는 이유만으로 수용소에 갇히게 된 유태인들은 언제 죽을지 모르는 최악의 상황에서도 '삶의 의미'를 찾으려 했다고 해. 그 말은 결국 사람은 죽음보다 삶을 선택하고자 하는 힘이 강하다는 거야.

미래는 어떻게 될지 샘도, 모모도 잘 몰라. 그저 우리는 지금까지 살아온 삶을 되돌아보고 현재를 살아가는 것 이상으로 꿈도 꾸면서 지금보다 나은 삶을 위해 때로는 어려움을 인내하기도 하고 극복하기도 하는 거야.

빌게이츠의 성공 비법

빌 게이츠가 직원들에게 성공 비법을 말해주었다. 미루는 것을 멈추기 위해 즉각 실행해야 할 일들에 대해서 다음과 같이 제안했다.

1) 주도적인 사람이 되어 용감하게 실천하라. 해야 할 일은 하고 하지 말아야 할 일은 하지 말라.

2) 모든 것이 완벽하게 준비될 때까지 기다리지 말라. 모든 것은 완벽할 수 없다. 미래에는 반드시 어려움이 있겠지만 이것이 일어나고 나서는 곧 해결될 것이다.

3) 창의성 자체가 성공을 가져오지는 않으며 그것이 실행될 때 비로소 가치가 있다.

4) 행동으로 공포를 극복하는 동시에 자신감을 키워라. 두려운 일이 있으면 바로 그 일을 하라. 두려움은 자연스럽게 사라질 것이다.

5) 먼저 기운을 내라. 기운 날 때까지 기다리지 말고 먼저 가서 행하라. 주도적이 되면 기운이 백배로 솟을 것이다.

6) '오늘', '내일', '다음주', '다음에' 등의 단어는 '영원히 해내지 못한다'와 같은 뜻이다. '지금 바로 가서 해야지'라고 생각하는 사람이 되어라.

7) 바로 일을 시작하라. 준비하는 것으로 시간을 낭비하지 말고 지금 바로 가서 하는 게 낫다.

8) 주도적이고 적극적인 태도를 가진 개혁자가 되어라. 자진하여 나서서 상황을 개선시켜라. 해야 할 일을 스스로 행함으로써 모든 사람에게 당신이 성공할 능력과 의지를 가지고 있다는 것을 증명해 보여라.

빌 게이츠, 그는 행동으로 인생을 개척하라고 당부하고 있어. 모두가 성공 잠재력은 가지고 있지만 그 잠재력을 깨워내는 것은 바로 행동이라고 하는 거지. 위험을 피할 수 없음을 알면서도 당차게 일을 해내는 것, 그것이 성공의 비법이라고 해.
지금 주저하고 있다면, 지금 머릿속에 생각만 맴돌고 있다면, 조금도 나아갈 수 없다는 것에 대한 경각심을 일깨워주는 그의 말을 떠올려보자.
"지금 당장 시작하라."

운명은
결정되어 있을까요?

저는 미래가 걱정돼요.

내가 아무리 노력해도 내 미래가,

내 운명이 결정되어 있다면 결국 헛수고잖아요.

가끔, 샘도 그런 생각해. 샘이 이 직업을 가지고 지금의 삶을 살아갈 거라고 한 번도 상상해본 적이 없는데 어떻게 이렇게 살게 되었을까 싶어. 하지만 다행인 것은 지금의 삶이 제법 괜찮다는 거야. 괜찮다는 판단은 굉장히 주관적인 거라서 만약 샘이 샘의 삶을 부정적으로 바라보면 마냥 불행하고 남보다 못하다고 여겨질 텐데, 샘은 삶에 대해 감사함을 가지고 살아가고 있어. 더구나 샘이 꿈꿨던 것은 '커리어 우먼으로 내 직업을 사랑하면서 내 삶을 주체적으로 꾸려나가는 것'이었는데 그러고 보니 그대로 살고 있는 거야.

샘이 어떤 강좌에서 어머니들을 모시고 강의를 하는데 이렇게 물어본 적이 있어. "어머니들, 지금의 삶에 만족하세요? 우리 모모들의 나이에 이렇게 살 거라고 상상해보셨어요?"라고 했더니 대부분이 '멋진 커리어 우먼으로 살 줄 알았는데 지금은 애 엄마일 뿐이다', '남편이 경제적으로 안정적이지 못해서 전업주부로 살다가 생활전선에 나와야 한다'는 등 볼멘소리를 많이 하시더라고. 물론 소수의 몇 분만이 '전혀 상상하지 못했지만 그래도 저는 행복해요. 믿음직한 남편과 반듯하게 자란 아이들이 있어서'라고 삶에 만족스러워도 하셨어.

그래, 어쩌면 운명은 결정되어 있을지도 몰라. 하지만 그 운명의 방향을 긍정적으로 이끌어가는 건 모모가 살면서 어떤 마음가짐을 가져가느냐에 따라 다를 거야.

오늘은 부모님께 가서 여쭤보자. "엄마, 아빠, 예전에 꿈꿨던 삶대로 지금 살고 있어요?"라고. 아니라고 대답하실 수도 있고, '당연하지'라고 대답하실 수도 있겠지? 모모는 어떻게 살고 싶니? 운명대로 살아간다고 하더라도 삶의 주인이 되어 만족스럽게 살고 싶은 마음은 같을 거야.

희망샘
TIP!

계획된 우연이론

"당신의 성공 비법은 무엇입니까?"라고 물으면 누군가는 이렇게 답할 거야.

"운이 좋았어요. 자고 일어나니 제 삶이 바뀌어 있었죠."

보통 사람의 입장에서 참 맥 빠지는 소리지 않아? 어마어마한 성공을 이루었는데 우연이었다니. 뭔가 색다른 비결과 스토리가 있어야만 하지 않나 싶어. 그렇지 않고서야 그러한 우연과 운이 왜 그에게만 돌아가고 우리에게는 오지 않았는지 원망스러워지거든.

미국 심리학자 크룸볼츠가 계획된 우연이론을 주장했단다. 샘도 우연히 관심을 가진 분야가 업이 되었기 때문에 꽤 흥미로운 이론이라고 생각해. 내용은 이래.

우선 새로운 것에 호기심을 가져야 해. 그리고 예상치 못한 일에 대해 침착하게 인내심을 가지고 대응해야 해. 진로의 방향은 얼마든지 바뀔 수 있다고 수용하는 유연성이 필요하지. 또 위기를 만나면 극복할 수 있다고 긍정적으로 생각하고, 만약 정말 위기에 다다랐다면 돌파하겠다는 위험부담도 감수해야 하지.

항상 철저하게 계획을 세워도 어려움을 만나게 되어 있어. 계획을 잘 세워도 실패할 수 있는 거지. 세상에 많은 일은 우연히 성공에 이른 것이 많아. 그래서 우리는 우연한 기회를 잘 활용해야 하는 거야. 기회를 만났을 때 우리는 어떤 마음가짐으로 다가가야 할까. 그 계획된 우연을 따라서 이뤄냈을 때 만나는 성공이 더 꿀맛이겠지?

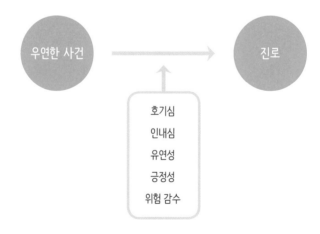

에필로그

~~~ ★ ~~~

이 책을 쓰면서 샘도 샘의 진로에 대해 깊은 고민을 하고 있었어. 진로고민을 덜어주기 위해서 책을 쓰는데 어떻게 샘이 진로고민을 하느냐고 묻는다면 진로에 대해 아직 오해가 있는 거야.

우리는 때마다 어떤 시기에 어디로 나아갈지를 죽을 때까지 고민하고 선택과 결정을 하게 되거든. '이 책을 써야지' 하고 마음먹었을 때 우리 모모들의 마음을 헤아려줄 수 있는 사람이라고 자신했단다. 혹시 답을 알려달라는 마음으로 책을 읽어갔다면 부족했을지도 몰라.

모 고등학교에 강의를 하러 갔다가 "얘들아, 이건 샘의 고민 리스트야. 너희들이 고민을 해결해줄래?" 하고 의견을 나눠보도록 했단다. 그랬더니 명쾌하고 신선하고 엉뚱한 해결책을 꺼내주더라고. 그래! 맞아! 우린 모두 답을 알고 있어! 인생은 정답이 있는 게 아니라 각자에게 어울리는 현명한 길을 찾아가는 과정인 거야. 고민을 해결하려면 불안한 마음을 다스리는 것에서부터 시작해야 해. 그리고 수

많은 방법들 중에 하나를 사용해보는 거야. 그게 안 되면 다른 것을 시도해보는 거지.

진로고민은 특히 더 막막하다는 것을 알아. 무언가 선택하고 결정해버리면 한 번 뿐인 인생에 돌이킬 수 없는 상처나 실패가 될까 봐 두렵잖아. 앞서 말했듯 그 두려움도 다스릴 줄 알아야 해. 그리고 도전하고 실행해야 해. 돌이킬 수 없거나 막다른 길 끝에 서는 일은 없을 거야. 우리는 길 위에 있으니까. 멈추지 않고 계속 나아가면 돼.

샘의 고민이 끝났느냐고? 아니. 그렇지만 이 책을 쓰면서 '희망을 전하는 커리어 컨설턴트'라는 이름에 한발 더 가까워질 수 있어서 기뻐. 그리고 진지하게 고민하는 우리 모모들과 함께 시간을 보낸다고 여기며 썼기 때문에 샘도 함께 진지하게 삶에 대해 많은 생각을 하게 됐어. 모모가 스무 살이 넘어 어른에 다가섰을 때에도 샘은 모모의 꿈을, 모모의 삶을 앞으로 계속 응원할게.

마음이 한 뼘 더 자란 모모에게,

희망샘이